¥1,000,000～

100万円から起業して成功する方法

好きなこと・やりたいことで幸せになる9章

日本起業家倶楽部代表
税理士・行政書士
横山禎一
Yokoyama Teiichi

さくら舎

まえがき

私は東京の日本橋で税理士・行政書士として会計事務所を経営しています。また、日本起業家倶楽部という起業支援のサイトも運営しています。

会社の設立などこれまで多くの起業の支援をしてきましたが、最近は、女性の起業相談がとても増えてきました。相談に来る女性たちのさまざまな話を聞いているうちに、そこにはある一定のパターンがあることに気が付きました。それは、彼女たちが経営の基本をあまりよく理解していないという事実です。もう少し経営に関する基本的なことを知っていれば、もっとうまくいくはずだと思うことが多く、とても残念に思っています。

かくいう私はもう10年以上前のことですが、あるＩＴベンチャー企業に財務担当として入社し、多額の資金を集めてＩＰＯ（新しく株式を上場すること）を目指しましたが、あえなく倒産した経験を持ちます。

会社が倒産すると社員や株主、またその取引先など関連する誰もがつらく悲しい思いをします。私はそのつらさをまさに肌身で感じたので、会社の倒産を防ぐ会計事務所を作りたいとの思いで独立しました。

本書を書いたのは、起業する前に経営の基本的なことを知っていれば、失敗するリスクを減らせることを理解してもらいたいと思ったからです。

起業を支援する際に、私は必ずある質問をします。それは、

「起業して将来どうなりたいですか？　将来の目標は何ですか？」

という質問です。

すると、実にいろいろな返事が返ってきます。

「会社を大きくして株式を上場したい」

「社員が１００人以上の会社にしたい」

「無理に会社を大きくすることは考えていない、好きなことをやっていければいい」

「60歳になったらさっさと引退して子供に譲りたい。あとはのんびり暮らしたい」

など、皆さんそれぞれ違った想いをお持ちです。でも、たった一つだけ皆さんに共通することと、それは、自分の会社が倒産するなどとは夢にも思っていないことです。

日本には、創業５００年を超える会社が約30社、１００年を超える会社は約２万社ほどあると言われています。その一方で、起業後1年以内に廃業する会社の割合は、約30％～40％であり、３年以内に約70％の会社が廃業すると言われています。長寿の会社がある一方で、３年以内に約70％の会社がなくなってしまうという現実。一体その違いは何なのでしょうか。

松下幸之助氏は、会社の目的は「事業を通じて社会に貢献すること」と言っています。ドラッカー氏は、「顧客の創造である」と言っています。私は、**「存続すること」**だと思っています。まず存続しなければ、事業を通じて社会に貢献することも、自己実現もできないからです。会社が存続することが、まず前提条件になっていると思うのです。

では、経営とは何でしょうか？　会社の目的が存続することであれば、**経営とは、「会社を存続させること」**ではないでしょうか。会社を存続させるために必要なことをすることこそが経営だと思います。

では、会社が存続するために必要なこととは何でしょうか。いろいろありますが、その一つは言うまでもなく、**「利益」**です。売り上げが増えても、利益がなければ会社は存続できません。では、利益さえあれば会社は存続できるのでしょうか。いえ、会社が存続するためにもう一つ大事なことがあります。それは、**「資金繰り」**です。資金繰りとは簡単に言えば、会社に「入ってくるお金」と「出ていくお金」を上手に回していくことです。「出ていくお金」と「入ってくるお金」には時間差（タイムラグ）があります。この時間差をちゃんと割り出して、お金が足りない見込みの時は計画的な借り入れをしたりすることを言います。つまり、「お金の管理」のことです。

会社を存続させることとは、

「お客さまにとって価値のある商品やサービスを提供することで、お客さまを創造し続け、利益を生み出すこと。そして、資金（お金）を管理して、その資金（お金）を動かすこと」

です。

ここで大事なのは、利益とは、社会の中でその会社の存続が認められているものさしに過ぎないということです。利益はあくまで、会社が存続するために必要なものであって、活動の結果得られたものであり、利益の追求のみが会社の目的ではないということです。会社が存続するために大事なことは、会社は何らかの価値のあるものを提供し、お客さまを創造し続けていくことです。もちろんお客さまがその価値を決めるということを忘れてはいけません。

これから、７人の女性起業家が登場します。彼女たちは起業後いろいろなトラブルに巻き込まれていきます。

実際に起業すればわかりますが、現実社会では、本当にさまざまな出来事に遭遇します。起業前には想像すらできなかったことに直面します。そしてその時々の決断がその後の結果に大きく影響します。残念ながらそれらの決断は経営者にしかできません。ある意味、経営とは、決断の連続と言えるかもしれません。起業に興味があるのなら、自分だったらその時どう判断するかと考えながら読んでもらえればいいと思います。

必要なのは、どんなケースでも**「お客さまを創造するにはどうしたらいいのか」「資金をどのように管理すればいいのか」**という視点です。この視点は、いつかあなたが実際に起業した時、必ず役に立ちます。

これまで少し難しいことを書いてきたかもしれませんが、それほど深刻に考える必要はありません。知識はこれから学べばいいのですから。

□少ない資金で起業したい
□起業しても借金はできればしたくない
□起業は自己実現の手段である
□好きなことをして稼ぎたい
□プライベートと仕事を両立させたい
□幸せになりたい
□起業してもうまくいくかどうか不安
□起業したいけど何をどうしたらいいかわからない

こう思っている皆さん、さあ、これから7つの起業ストーリーを私と一緒に再体験していきましょう。そして会社を立ち上げてください。

目次◆100万円から起業して成功する方法

第2章　起業を成功に導く〝4つのステップ〟

第3章　お嬢様育ちの主婦が輸入雑貨で一念発起
「詐欺被害に遭う苦難のスタート」

第4章　少資金での起業に理想的な事業モデル

第5章 プリザーブドフラワーで起業も「資金繰りの大ピンチ」

第6章 レトロカフェ起業で売り上げ順調なのに「なぜかお金が足りない!?」

第7章 国際イメージコンサルタントとして起業！「業績アップで法人化したほうがいい？」

第９章　社会保険労務士として起業！「今後の事業展開がわからない！」

100万円から起業して成功する方法
――好きなこと・やりたいことで幸せになる9章

第1章　趣味のネイルで衝動的に起業も「お客さんが来ない！」

ネイルサロン経営者・浅田直子さんからの電話

・30歳、独身、東京都内で一人暮らし
・開業資金：300万円
・使用明細：サロンの保証金・礼金・手数料など（70万円）、お店の内装や家具（80万円）、ネイルの材料などの仕入れ（50万円）、ホームページ制作費・広告宣伝費（50万円）、家賃・水道光熱費・通信費・交通費など（50万円）

ある夏の暑い日、事務所の電話が鳴りました。

「もしもし、横山先生いらっしゃいますか。私は浅田と申します」

「はい、私が横山です」

「先生、はじめまして。浅田と申します。佐藤さんから紹介されてお電話いたしました」

「浅田さんですね。はじめまして。はい、佐藤さんから経営のことでご相談があるとのことでお話をうかがっています」

佐藤さんとは、私の顧問先で美容サロンを経営している女性起業家です。

「はい、実は３カ月ほど前にネイルサロンで起業したんですけど、そのことで少しご相談したいことがあるんです」

「わかりました。では、来週月曜日の朝９時、私の事務所でいかがですか。場所はおわかりですか？」

「はい、では月曜日の９時にお伺いさせていただきます。場所は佐藤さんから聞いて知っていますので大丈夫です」

「ではお待ちしています」


そして面談の日がやってきました。

「浅田さん、はじめまして。税理士の横山です」

「浅田直子です。お忙しいところすみません」

「大丈夫ですよ。私は、会計事務所を経営していますが、日本起業家倶楽部というサイトを運営していて起業のサポートもしています。また、創業スクールやセミナーなども開いていますし、最近は女性の起業も増えてきて、よく相談に乗りますから」

「ありがとうございます。私、好きなことを仕事にできたらとネイルサロンを始めたんです。リストラがきっかけで開業したんですけど、経営のことなんてあまり深く考えずに勢いだけで起業しちゃって。開業して３カ月ほど経ったんですが、売り上げが思ったほど伸びないし、開業資金はどんどん減っていってしまうし、もうどうしたらいいかわからなくなってしまって、先輩起業家の佐藤さんにお話ししたら、先生を紹介されたんです」

「浅田さん、女性の起業家は、好きなことを仕事にしたいとか、社会の役に立ちたいとか、感性を活かした方が多く素晴らしいのですが、もう少し経営の基本的なことを勉強すればいいのにと思うことが多いんですよ。

日本政策金融公庫が公表している女性起業家の開業実態調査によると、男性と女性では違いが出ていてとても興味深いですよ。

たとえば、開業の動機では、『年齢や性別に関係なく仕事がしたかった』では、男性が約11％に対して、女性は約30％と非常に高くなっています。また、『趣味や特技を活かしたかった』では、男性が約6％で女性が約12％と2倍になっています。開業後に苦労したことでは、『経営の相談ができる相手がいないこと』や『家事や育児、介護等との両立』を選んだ割合が、男性に比べ2倍ほど高くなっています。

まぁそれはともかく、相談の前にこれまでの起業の経緯を詳しく話してもらえませんか。それと、もし差し支えないようでしたら、年齢や年収など少しプライベートなことも教えてください」

リストラ直後のスピード起業、開業資金３００万円

「私は、今30歳です。都内で一人暮らしです。会社員の時の年収は２８０万円ほどで、ある会社で営業事務をやっていました。仕事にはやりがいが感じられなかったので、趣味に時間とお

金をかけていました。ネイルやヨガや旅行です。特にネイルは大好きで、友人たちにもやってあげていたんですが、友人たちの評判もいいし、もっと本格的にやろうとスクールにも通って勉強していたんです。

だいぶ前から会社の業績がよくなくてリストラのうわさが社内で流れていたんですけど、４カ月ほど前、突然リストラの対象になって、私リストラされちゃったんです。それでいい機会だと思って、この際趣味のネイルを活かして開業しようと後先考えずに思い切って起業しちゃいました。私、思い立ったらすぐ行動しないと気が済まない性格なので、こういうのは勢いも大事だと思って。開業資金は、これまでの貯金や退職金で３００万円ほど準備しました。これだけあれば何とかなるだろうと思ったんです」

「準備もしないで起業してしまったんですね」

「はい。リストラされた次の日には、不動産屋さんを回り始めました。やはりネイルやるなら立地が大事だといろいろ探して、通りに面した良い物件があったので、これだと思ってすぐ契約したんです。家賃は共益費含めて月12万円で、不動産屋さんへの手数料や保証金やら礼金含めて70万円ほどかかっちゃいました。少し高いかなと思ったんですけど、これくらい何とかなると思って」

「店舗は一度借りると、売り上げがない月でも毎月一定の金額を支払わなければなりませんよ。内装はどうしたんですか？」

「店舗はイメージが大事なので、テーブルやイスはやっぱりネイル専用のかわいいのがいいし、内装も少し凝ったほうがいいと思ってお金かけちゃいました。名刺とかパンフレットとかもかわいいほうがいいので、プロのデザイナーさんに頼んじゃおっ、と思ってこれにもお金をかけました」

「そうですか……」

「仕入れも、ジェルはカラーバリエーションが重要だから、100色は必要だと思ったたし、ラインストーンも要るし、あれもこれも、ええい、仕入れちゃえ、って感じで仕入れちゃいました。また、ホームページも、おしゃれなものじゃないと、お客さんに信用してもらえないと思って、たまたまWEBで検索して見つけた会社がよさそうなのでそこに頼んじゃいました」

「計画性がまったくないですね」

「気付いてみると、なんだかんだで200万円ほど使っていて、思った以上にお金かかったなぁと思ったけど、準備が大事よね、まだ100万円はあるし、いよいよ開店がんばろうって、当初は強気だったんですけど」

開業後1カ月、売り上げが伸びない！

「開業した後はどんな状況でしたか？」

「リストラだったから準備期間もないまま開業しちゃったこともあって、友人や知り合いくらいにしか知らせなかったけど、開業当初は、みんなが来てくれて結構忙しかったんです。でもその後続かなくなって。私、知り合いや友人も多いほうだし、私がネイルしてあげた友達なんかからも評判がよかったから、開業当初は友達が一度に来たらさばききれないなぁー、なんて勝手に思い込んでいたけど、売り上げが全然伸びないんです。ネイルってなんだかんだでお客さん一人に2時間くらいかかっちゃうし、私一人だと1日4人が限界かもって、やってみて初めてわかったんだけど、でも1日に2人来ればいいほう」

「お客さんを増やす努力はしたんですか？」

「はい、地域のミニコミ誌に広告載せようって。やっぱり、ネイルサロンは広告宣伝が大事よねっと思って広告も出したんだけど。広告会社の営業の人、感じよかったたし、費用はかかるけどやむを得ないわと、その時は思ったんです。起業したらいろんなところから営業が来るんですね。広告宣伝もそうだったたし、ホームページのＳＥＯ対策とか、資金調達の営業とかもあったし、パソコンとか電話とか、何とかもあったたし。話を聞いていると全部がよく見えてくるし、どこに頼めばいいか全然わからない。一体何から始めればいいか、もうわかんないです」

「個人事業主として起業したんですか。手続きはしましたか？」

「起業したら、個人事業か会社にするか決めたほうがいいって聞いてはいたけど、何だかよくわからなかったたし、会社にしたら面倒そうだし、このままとりあえず個人で開業しちゃえって思って。何か手続きとか要らないのかな、まあ、そんなことは後でもいいや、って感じで放ってておきっぱなしだったんです」

3カ月後、預金残高がない！

「3カ月なんてあっという間に過ぎちゃって、気付いたら通帳の残高がどんどん少なくなっていたんです。通帳見るたびにため息が出ちゃって、家賃とか経費の支払い、来月大丈夫かしらって、とうとう支払いまで心配になっちゃったんです」

「お金がなくなってきたんですね」

「はい、それに、広告費かけた割には、来てくれたお客さんが少なかったし。経理も面倒なので後回しにしていたし、今いくら赤字なのかもよくわからない。もう、貯金も少なくなってきたよー、残高があとわずか、どうしよう、っていう感じで、八方ふさがりなんです」

「浅田さんの起業の経緯は大体わかりました。随分と思い切った起業をしましたね。物事には原因と結果があります。浅田さんがうまくいかない原因は、起業のプロセスに問題があったことは明らかです。つまり、起業するために押さえておかなければいけないポイントをまったく押さえていません。もっと基本的なことを最初に勉強してからじゃないと、うまくいくものもうまくいかないのですよ」

「先生、どうしたらいいかアドバイスしていただけないでしょうか。私、税理士の先生がどんなお仕事かよくわからないんですが、今後どのように進めていけばいいのでしょうか」

「税理士は、税務の専門家です。個人事業主でも、会社でも、事業を行えば1年間の収入と費用から必要な税金額を計算して納めなければなりません。これを確定申告と言います。税理士は、税務相談を受けたり、本人に代わって、その税金の計算や確定申告の書類を作成することが主な仕事になります。また、税金を計算するには、利益や財産の状況をつかむために決算書（損益計算書や貸借対照表など）を作る必要があります。そのサポートも行っています。浅田さんのような個人事業主は、１月から12月までの１年間の売り上げ（収入）から必要経費（支出）を差し引いて所得を計算し、所得税を納める必要があります。

個人事業主の場合の所得とは、収入－必要経費＝所得となります。また、所得税とは、個人が１月から12月までに得た所得に対して課される税金のことを言います。

確定申告は、浅田さん自身でもできますが、税理士は、浅田さんに代わってそれらの計算や書類の作成をすることができるんですよ。それと、私は起業支援を専門に行っているので、起業や経営に関してのコンサルティングも行っています」

「そうなんですね。個人事業主の確定申告や決算書などを作るのがお仕事なんですね。私は毎月の経理なんて面倒なのでほったらかしにしていました」

「毎月の売り上げはどのくらいで、費用がいくらかかったか、儲かっているのかいないのかをつかむことは非常に大事ですよ。会社の今の状況がわからなければ将来どうすればいいかもわからないですからね。浅田さんの失敗の原因の一つには経理をしていなかったことがあると思いますよ」

「すみません。私、数字は苦手であまりよくわからないものですから、面倒なものから逃げていました。先生にお願いするにはどうしたらいいのでしょうか」

「まずは、開業した時からこれまでの売り上げやかかった費用を整理して現在の状況を把握してみましょう。私と顧問契約をすることになりますが、経理の帳簿をつけてみましょう。これを記帳と言います。もし自分でできないようであれば、私の事務所では記帳の代行もしていますので、資料をいただいてこちらで作成することもできます。その場合は、月次での記帳の代行料と顧問料がかかってきます。顧問の内容は、基本的には税金や会計のことに関してアドバイスを行うことです。また、経営に関する簡単なコンサルティングも含んでいます。ただ、毎月お会いして経営の細かいことに関しての相談となると、内容によって変わってきますので別契約になります」

「先生、私、経理なんてできないので記帳代行と顧問契約、それにコンサルティングもお願いします」

「わかりました。では、まずこれまでの経理の状況がわかるように早速記帳してみましょう。これまでの通帳のコピーや請求書、領収証などの書類を私の事務所に送ってください」

試算表で経営状態がわかる！

「浅田さん、いただいた資料から試算表を作りました。試算表は、損益計算書や貸借対照表などの決算書を作る前段階の資料になります。試算表を毎月作ることで、経営状態を定期的にチェックすることができるメリットがあるんですよ」

損益計算書とは、一定の期間における損失（費用）と収益の計算書です。簡単に言えば、次の式により利益を求めて、経営成績を判断するものになります。

収益－費用＝利益

貸借対照表とは、ある時点における会社の全財産を表す計算書類です。預金や土地・建物などの財産（資産）がどれくらいあるのか、またどのくらい借金（負債）があるのか、財産から借金を差し引いた時どのくらい残るのか（純資産）を表す計算書類です。式で表すと次のようになります。

資産（預金、土地・建物などの財産）＝負債（借入金など）＋純資産（資本金や利益など）

また、浅田さんとの話の内容から、浅田さんのこれまでの失敗の主な原因が次の３点にあるとわかりました。

①起業の４つのステップを踏んでいなかった
②利益と資金繰り（経営の３つのルール）を考えていなかった
③経理をしていなかった

「先生、私、リストラされて勢いだけで起業してしまい、経営なんてあまり考えていなかったんです。よくこんな状態で起業したと思って恥ずかしい限りです。やはり勢いだけで起業するのってよくないですね」

「浅田さん、今ならまだ間に合いますよ。悪い点を改善していけばいいのですから。ただし、実行するのは浅田さんですし、相当頑張らないといけませんが、やり切ることができますか？」

「はい、先生。私、絶対にやります。ここまで来たら後には引けません」

「そのやる気と情熱は経営者にとって必要な資質です。わかりました。まず、浅田さんの失敗の原因をもう少し詳しく見てみましょう」

失敗の原因①～起業の4つのステップを踏んでいなかった～

「開業準備段階の際、お金を使いすぎたことが失敗原因の1つです。最初からお店を借りて月12万円の家賃を負担することになってしまったことですね。家賃は固定費といって、売り上げがあってもなくても毎月必ず一定額を支払わなければならない費用のことを言います。社員の給与なんかもそうですよね。最初からお店の家賃を負担できるほど売り上げの見込みが立っているなら別ですが、店を借りず、自宅で開業するとか美容院などと組んで出張ネイルにして、できるだけ固定費を抑えていればこれほどお金はかからなかったはずです。この方法なら100万円くらいあれば開業が可能だったと思いますよ。

それに、内装や設備、材料の仕入れや名刺・パンフレット、ホームページなど最初にかなりお金を使ってしまいましたね。それと広告宣伝費にも。広告宣伝費は費用対効果を考えて、最初はなるべくお金がかからないものからいろいろ試してやっていくのがいいのです。そこで反応が良かった方法にお金を使っていくというやり方を考えなければなりません。

費用対効果とは、かけた費用に対してどれくらいの効果が得られたのかを示す指標です。かけた費用が安く得られる効果が高いほど良いということになります。これらの計画性のなさは、起業する際に必要な４つのステップを踏んでいなかったことが原因です（起業の４つのステップは、第２章で説明します）」

失敗の原因②～利益と資金繰り（経営の３つのルール）を考えていなかった～

「開業当初こそ友人や知人が来てくれましたが、そのあとが続いていません。売り上げを伸ばす工夫がされていないのです。

起業１カ月後の状況を見てください。行き当たりばったりで計画性がまったくありません。起業するといろいろな会社や人から営業が来ます。どの会社に広告宣伝などを依頼するかはやはり慎重に判断すべきなのですよ。それに３カ月後には預金の残高が少なくなって経費の支払いを心配するようになっています。お金がなくなる前に、場合によっては銀行からお金を借りるとかして必要な資金の手当てをしなければなりません。お金がなくなった時、会社は終わりです。

経営には3つのルールがあります。それは、

1. 売り上げなくして存続なし
2. 利益なくして存続なし
3. 資金繰りなくして存続なし

つまり、会社を存続させるためには、
①利益を上げること
②資金（お金）を切らさないこと（資金繰り）
が必要です。

①の利益を上げるためには、『売り上げを伸ばす』ことと『費用をコントロールすること』が必要です。
②の資金繰りとは簡単に言えば、会社に『入ってくるお金』と『出ていくお金』を上手に回していくことです。『出ていくお金』と『入ってくるお金』のタイムラグ（時間差）をちゃんと計算して、計画的な借り入れや回収をすることです。
起業したら、まずは売り上げを伸ばすことに集中しなければなりません。売り上げを伸ばすためには、商品やサービスの開発、営業、マーケティングなどいろいろな方面からの努力が必

要です。しかしここでは、その最も基本的なことを説明します。それは、売り上げアップの公式を理解することです」

売り上げアップの基本公式

売り上げの基本公式は、客数×客単価です。

たとえば、ラーメン店のケースを考えてみましょう。1日のお客さん数が100人で、ラーメンの単価が800円の場合の売り上げはいくらになるでしょうか。

100人×800円＝8万円になります。

そしてこの式をさらに分解すると次のようになります。

売り上げ＝客数×客単価＝①客数（新しいお客さん＋前からのお客さん）×②食べてくれる回数（購買頻度）×③食べてくれる品数（購買点数）×④単価

1日の客数が100人とします。当然新しいお客さん数を増やせば客数が増えるので売り上げはアップします。新しいお客さんが10人増えた場合、100人＋10人＝110人になります。また、1週間に1回しか来ないお客さんが3日に1回来るようになれば、食べてくれる回数が上がりますのでこれも売り上げ増になります。

次に、ラーメンだけしかメニューになかったのが、餃子やビールと簡単なおつまみを提供したらどうなるでしょうか。餃子が1皿300円、ビールが1杯500円、おつまみが200円とすれば、ラーメンだけであれば一人800円だった単価が、一人1800円に上がります。つまり食べてくれる品数を増やせばそれだけ売り上げが増えることになります。

ただし、飲食店や美容院、ネイルサロンのような業態で客席に限度があるような場合は、

売り上げ＝設備数（客席数）×回転数（1日に何人のお客さんがその席についたか）×営業日数×一人あたりの客単価

の式になります。

たとえば、客席が20席のラーメン店で、月の営業日を25日として、1日のお客さんの回転数が5回として、客単価を800円とした場合。

月の売り上げ＝20席×5回／日×25日×800円＝200万円

この場合売り上げを増やすには、回転数を上げるか、営業日を増やすか、客単価（買ってくれる品数と単価）を上げるか、になります。

これらの式から売り上げを伸ばすには、新しいお客さん数を増やすこと。また、新しいお客さんが固定客になり何回も購入してくれるリピート客になること。加えて買う商品点数を上げてくれればいいことになりますね。

まとめると、このようになります。

1. 買ってくれる可能性のある人を集めて、新しいお客さんにすること
2. お客さんを固定客にして、固定客に繰り返し買ってもらうこと
3. その新しいお客さんと固定客に、より多くのものを買ってもらうこと
4. そして、単価を上げること

これはとても大事なポイントですので、必ず押さえておきましょう

失敗の原因③～経理をしていなかった～

「３カ月後の状況を見てください。預金の残高はどんどん減っているのに、経理を後回しにしているので、売り上げがどのくらいあって、いくら赤字なのかもわかっていません。売り上げがいくらなのか、経費をどのくらい使っているのか、利益が出ているのか、出ていないのか、資金繰りはうまく回っているのか、回っていないのかなど、最終的に数字になってくるのが経理の情報です。毎月きちんと領収証などを整理して記帳していかないと、その時点での経営状態がどうなっているのかわかりません。現状がわからなければ、将来に必要な手が打てなくなってしまいます」

バランスト・スコアカードの手法

「浅田さん、以上が失敗の原因です。これらの原因を踏まえた上で解決策を考えてみましょう。

どうしたらいいと思いますか？」

「そうですね。起業の準備不足は明らかだってことはわかりました。それと、やはり売り上げを伸ばすことと経費を削減することでしょうか。それに経理も早急にしないといけないと思いますが、具体策となるとなかなか思いつきません」

「バランスト・スコアカードというものを聞いたことがありますか？」

「いいえ、知りません」


バランスト・スコアカードとは、ハーバード大学のキャプラン教授と経営コンサルタントのノートン氏により提唱されたもので、「財務」「顧客」「内部プロセス」「学習と成長」の4つの視点から経営の業績を把握し、経営の改善・革新をバランスよく促す手法です。


すごく単純化して言うと、たとえばラーメン店で、売り上げを10％増やしたいとします。

（財務：お金の視点）

⬅

そのためにはおいしいラーメンを作って来店するお客さんの数を増やす（顧客：お客さんの視点）

⬅

お客さんの回転数を高めるために、ラーメンを作るスピードを速くする（内部プロセス：会

社内部の業務の視点）

おいしいラーメンをより早く作れるように、従業員の技術を向上させる（学習と成長：教育と改革の視点）

ということです。

つまり、会社の業績を上げるためにこの４つの視点をバランスよく結び付けて実行していくというものです。

「浅田さん、ここではその手法の細かい説明には触れませんが、その手法を少しだけ使って解決策を考えてみましょう。ただし、専門用語が出てきますので、ここでは簡単にするために表現を変えています。

ここで一つ質問です。あなたはネイルサロンを、どういう考え方や方針で運営していきたいですか？　できるだけ簡潔に答えてください」

「はい、先生。お客さまにキレイと満足を提供していきたいと思っています」

「わかりました。ありがとうございます。その軸がブレなければ大丈夫です。その答えに基づいて少し解決策を整理してみました。これを見てください」

財務の視点 (お金の視点)	利益とキャッシュ（お金）の増加 利益の増大と生産性の向上
顧客の視点 (お客さまの視点)	お客さまの満足度を高める 　完全予約制できめ細かな対応 　仕上がりの満足のために十分なカウセリングの実施 　リラックスできる環境の提供 　エクステとの併設による利便性の向上 会員制の導入（前金収入と価格オフ） メニューの充実 DM（ダイレクトメール）などによる定期的な美容関連情報の提供
内部プロセスの視点 (会社内部の業務の視点)	コストダウン（生産性の向上） 　家賃の削減（エクステとの兼業） 　美容院への出張ネイル
学習と成長の視点 (教育と改革の視点)	経理情報の活用 技術の向上、お客さま管理システムの導入

利益とキャッシュを増やす方法

「浅田さんのネイルサロンの場合は、〈お金の視点〉から見ると、まず利益を増加させることと、同時にキャッシュ（お金）を増やすことが緊急の課題です。でもそのためには、〈お客さまの視点〉と〈会社内部の業務の視点〉の両方から改善していかないと、利益とキャッシュは増えないのです。

お客さまの満足度を上げるために、完全予約制でのきめ細かな対応、仕上がりの満足のための十分なカウセリングの実施、リラックスできる環境の提供を外すことはできません。それがなければ売り上げは増えていきません。ただ、丁寧にやればやるほど時間がかかって効率が上がらなくなってしまう危険性があるので、それを実行しながら同時にキャッシュ（お金）を増やすことを考える必要があります。

解決策としてたとえば、前金でお金が入ってくる会員システムを導入したらどうでしょうか。

S会員、A会員、B会員などにして、年会費を最初に支払ってもらうシステムを考えることです。たとえば、会員になればそれぞれ1回の価格を30％、20％、10％オフとするのです。前金で年会費は入ってくるし来店の回数を増やす効果もあります。新規のお客さまが1カ月に10人会員になってくれれば、年会費が2万円の場合20万円の前金収入になります。これが毎月あれば結構大きいですよ。1回あたりの料金が割安になる回数券を販売することも考えていいかもしれませんね。

前に説明した売り上げアップの公式を思い出してください。

売り上げ＝客数×単価＝①客数（新しいお客さん＋前からのお客さん）×②買ってくれる回数（購買頻度）×③買ってくれる品数（購買点数）×④単価

売り上げを伸ばすには、①客数（新しいお客さん＋前からのお客さん）を増やす、②買ってくれる回数を増やす、③品数を増やす、④単価を上げるかです。

会員システムは、④の単価が下がりますが、②の買ってくれる回数を上げることにもつながります。あとは、どうやって①客数を増やすか、③品数を増やすかを考える必要があります。あまり費用をかけずに客数を増やす工夫とメニュー内容を充実させて買ってくれる品数を増やす工夫をしてみてください。

また、お客さんに繰り返し利用してもらうためには、定期的にＤＭ（ダイレクトメール）などを送ってお客さんのためになる美容関連やお得な情報を提供していくことも大事ですね」

コスト削減

「次に〈会社内部の業務の視点〉から見てみましょう。

利益を上げるには、売り上げを伸ばすか費用を削減するかのどちらかです。浅田さんはすでにお店を借りてしまっているので、この費用を何とか削減しなければなりません。たとえば、エクステを仕事にしたいと思っている人にお店の一部のスペースを貸して、家賃をもらう方法もあります。エクステとネイルは同時に希望される女性が多いので、お客さんにとっては時間の短縮になりますし、浅田さんにとっては客数を増やすことにもつながります。

また、売り上げを伸ばすために、お店の定休日は、美容院などと契約して出張ネイルをするという方法もあります。浅田さんの休みはなくなりますが、軌道に乗るまでの開業当初は仕方がないですね。これも客数を増やすことにつながります。

最後に〈教育と改革の視点〉から見てみましょう。

これもとても大事なことですが、経理は毎月きちんとやりましょう。会社の業績がどうなっているのかわからないようでは、経営はできません。真っ暗闇の中をライトもつけずスピードメーターも見ずに運転できますか？　お金がなくなったら会社は終わりです。

また、お客さんの満足のもとになる技術の向上は常に図っていかなければなりません。それに来ていただいたお客さんの名簿をしっかりと管理して、これを有効に活用していくことも考えていかなければならないですよ」

「ありがとうございます、先生。先生のアドバイスを活かしてネイルサロンの経営をしていきます。私、お客さんをキレイにして、『ありがとう』って感謝されるこの仕事にとってもやりがいを感じているんです。絶対にあきらめません」

「そうです、その意気です。事業に対するやる気と情熱が経営者の資質の一つとしてとても大事なのです。頑張ってください」

起業半年後の浅田さん

「浅田さん、起業してから半年ほど経ちましたが、頑張っているようですね。売り上げも少しずつ上がってきていますよ。会社の状況が数字でわかると見たくないと思うこともありますが、経営は現実をしっかりと把握しないとなりません」

「はい、先生。先生に記帳をお願いしてから、経理の状況がよくわかるようになってきました。最初は、お金のことも考えずに随分行き当たりばったりの経営をしていたんだなとつくづく反省しています。先生にアドバイスをしていただいた通り、バランスト・スコアカードを参考にして、お客さまの満足度を上げていくにはどうしたらいいかを徹底的に考えています。そして、少しずつですがいろいろなことに取り組んでいます。まだまだ、試行錯誤を繰り返しながらですが、会員制も導入しましたし、メニューも充実させようといろいろ考えています。エクステができるいい人も見つかって、もうすぐ一緒にやっていけそうです。少し大変ですが休みの時は、出張ネイルもやっています」

「そうですか、それはよかったですね。ただ、健康には十分気を付けてください。何といっても経営者は体が資本ですからね。また、売り上げを伸ばすことは、そんなに簡単にはいかないと思いますが、いろいろと試してみることが大事です。その調子で頑張ってください」

「はい、ありがとうございます」

「ところで今日は、個人事業をしていて気を付けてほしいことがあるので、その話をしようと思います」

「はい、何でしょうか？」

「個人事業主は、サラリーマンのように給与というものがありません。個人事業主は、１年間の事業活動の結果、収入から必要経費を差し引いて、所得を計算します。そして、その所得にもとづいて所得税を支払うことになります。

　サラリーマンであれば、毎月給料をもらって、そこから保険料・年金や所得税を引かれて手取りの金額が銀行に振り込まれます。そして、12月末に年末調整をしてそこで所得税の確定を行います。１月になると源泉徴収票というものをもらいますよね。それがサラリーマンの所得税の申告です。他に収入などがなければ、これで申告は終わりです。

　しかし、個人事業主は、１年が終わってから税金を計算して納付します。個人事業主に給与という概念はないため、給与を支払ったとしても経費にはなりません。単に生活費をもらったというような感じです。なので、極端な話いくらもらってもよいことになります。当然お金があればですが。ただし、ここで気をつけないといけないのは税金です。個人事業主が納める税金は、主に４つあります。

①所得税・復興特別所得税
②住民税
③個人事業税
④消費税

特に住民税と個人事業税は、3月の確定申告が終わってから5月頃にその年の支払額の通知がくるのであとでびっくりすることがよくあります。お金があるとついつい使ってしまいがちですが、気をつけないといけませんよ。生活費は毎月いくらと決めて、その範囲内で生活するようにしましょう」

「そうなんですね。税金の支払いはあとから来るんですね。個人事業主には給与がないなんて知りませんでした。私、生活費がなくなったらそのつど銀行から下ろして使っていました。以後気をつけます」

起業1年後の売り上げは⁉

「浅田さん、経営が安定してきましたね」

「ありがとうございます。あれから試行錯誤しながらいろいろと改革に取り組んで、お客さまの満足度をどのようにあげたらいいかを考えてきました。〈お客さまにキレイと満足を提供する〉という方針の軸はブレないように、全面的にメニューを見直しました。また、ブログを書いたり、交流会に積極的に参加してお店をＰＲしたりして、できるだけお金をかけずいろいろな宣伝をしています。このビジネスはクチコミがとっても大事なんですね。もちろん、お店の定休日には出張ネイルも続けています。

知り合いから紹介されたエクステができる方にも来ていただいて、協力しながらサロンの経営を始めました。お互いにお客さまが重なるし、またネイルとエクステも同時にできるので時間的にかなり効率がいいです。お客さまにも時短できると喜ばれています。

月の売り上げも70万円を超えるようになってきて、ＯＬ時代よりお金も使えるようになりました。でも、ちゃんと後から支払う税金に備えて、使いすぎないよう準備はしていますよ。あのまま事業を続けていたらと思うとゾッとします。先生に言われたように毎月きちんとお金の出し入れも管理して、今の経営状態が一目でわかるようになりました。

お客さまからは『ありがとう』って感謝されて、私、起業して本当によかったと思っているんです。そして、人脈づくりと思っていろいろな交流会に参加していたんですけど、そこで素敵な彼も見つけたんですよ。結婚してもこの仕事を続けていくつもりだし、家庭と仕事も両立していきます。起業して、一時はどうなるかと思ったけど、今は先の見通しができてきて、とても幸せです」

第1章のポイント

1．経営とは、「会社を存続させる」こと。経営の3つのルールを理解する

経営の3つのルール
（1）売り上げなくして存続なし
（2）利益なくして存続なし
（3）資金繰りなくして存続なし

2．売り上げアップの公式を理解する

売り上げ＝客数×単価
＝①客数（新しいお客さま＋前からのお客さま）×②買ってくれる回数（購買頻度）×③買ってくれる品数（購買点数）×④単価

（1）買ってくれる可能性のある人を集めて、新しいお客さまにすること
（2）お客さまを固定客にして、固定客に繰り返し買ってもらうこと
（3）その新しいお客さまと固定客に、より多くのものを買ってもらうこと
（4）単価を上げること

●開業動機	女性	男性
自分の技術やアイデアを事業化したかった	31.4%	30.4%
年齢や性別に関係なく仕事がしたかった	30.1%	11.3%
社会の役に立つ仕事がしたかった	28.4%	26.0%
時間や気持ちにゆとりが欲しかった	17.0%	14.3%
趣味や特技を生かしたかった	12.4%	5.6%
●開業後苦労したこと		
顧客・販路の開拓 （注：男女とも同比率で最も高い）	44.0%	43.9%
経営の相談ができる相手がいないこと	17.1%	9.1%
業界に対する知識の不足	13.0%	8.5%
家事や育児、介護等との両立	9.7%	3.6%
●開業時にあったらよかったと思う支援策		
先輩起業家や専門家による助言・指導	15.9%	13.4%
経営コンサルタントの紹介	10.4%	9.5%
保育施設や家事・介護支援等のサービス	7.3%	3.2%

出典：日本政策金融公庫総合研究所
女性起業家の開業「2013年度新規開業実態調査（特別調査）の結果」

第2章　起業を成功に導く〝4つのステップ〟

第1章では、浅田さんの例を見てきましたが、この章ではあらためて起業する前にしなければならないことを説明します。

起業には、次の4つのステップがあります。

- STEP 1　●やりたい仕事を見つける
- STEP 2　●事業計画書を作る
- STEP 3　●起業準備を始める
- STEP 4　●起業する

これからそれらを順に説明していきます。

ＳＴＥＰ１　やりたい仕事を見つける

まずは、商品・サービス＝売るものを見つけなければ始まりません。何を事業にするのかを決めることから始めましょう。

スポーツで世界一になりたいという目標を持った場合、まず、何のスポーツをするのか決めないといけません。スケートなのか、カーリングなのか、サッカーなのかを決めるのと同じように、自分の事業を行う分野を決めなければなりません。

ただし、いきなり決めろと言われても、という方が大部分だと思います。やりたいこととできることが同じなら問題はないですが、それが一致するとは限りません。

まずは自分自身と向き合うことが必要となります。

○自分はどんな資格を持っているのか
○どんな知識があるのか
○どんな人脈を持っているのか
○過去を振り返ってみて自分は何をしてきたのか（経験）
○どんなことに興味を持ってきたのか
○これだけは負けないというものを持っているのか
○どんなことなら夢中になってやれるのか

○現在は何をやっているのか、何をやりたいのか、何をやりたくないのか
○将来どうなりたいのか、自分の目標は何なのか

何でもいいのです。どんどん書き出してみましょう。何度書き直してもいいのです、とにかく何度も何度も書くこと、このプロセスが大事なのです。書くことで自然と頭が整理されていきます。

そしてそこから、自分のやりたいこと、好きなこと、興味のあることは何かを考えてみましょう。

①自分がしたいこと
②自分ができること（強み）
③他人が求めるもの（悩みの解決・欲しいもの）

この3つが揃えばベストです。

浅田さんの場合、ネイルの仕事が好きで、かつ自分がやりたいことなので、この点はクリアできています。ただし、自分ができることであるかどうかは大事ですが、それが、他と比べてどう違うのか、自分の強みは何かを考える必要があります。

ネイルをする人はたくさんいるので、その人たちと比べて何がどう違うのかを明確にしておく必要もあります。技術なのか、サービスなのか価格なのか、他と比べて何が「売り」なのかを見つけておくことがとても大事です。女性の美しくなりたいという欲求を解決するので、③は大丈夫ですね。

STEP2　事業計画書を作る

ＳＴＥＰ１で、「何」を売るかを決めました。
次は、

●その商品・サービスを「誰」に「いくら」で「どこ」で提供するのか
●「どのような強み」で
●「どうやって」売るか？

を考えます。

そして一番大事なことは、計画を絵に描いたモチに終わらせないように、
●「どうすれば」それが実現できるのか？

を具体的に考えることです。

さらに、具体的に事業計画書を作っていくためには、次の項目をまとめていくことになります。

1. 何のために事業を始めるのか（起業の動機・目的）
2. 自分は何ができるのか（経験・資格・人脈など）
3. 事業内容（誰に、何を、いくらで、どこで、どのような強みで、どうやって売るのか）
4. マーケットとライバル（市場調査と競合）
5. 基本戦略（経営プラン：販売、仕入れ、設備、人員、課題・リスク）
6. 利益と資金のプラン（資金計画）

事業計画書を作る目的は、紙に書くことで自分の頭を整理して、その事業が誰にでもわかるように「見える化」することです。

また、事業計画書を作ることで、開業資金・運転資金等の資金はいくら必要か、この事業は利益が本当に出るのかを事前にシミュレーションすることができます。もし、売り上げが半年ゼロでも事業を続けられるかどうか、あなたはすぐに答えられますか？　その数値的なシミュレーションをする役割を持つのも事業計画書です。

事業計画書を、数字に置き換えたのが収支計画書（損益計算書）です。

収支計画書（損益計画書）は、「売り上げ－費用＝利益」で表します。

その商品・サービスを、いくら（価格）で、どのくらい（数量）売れば、どれくらいの売り上げが出るのかをきちんとシミュレーションします。また、家賃や人件費等の費用がどの程度かかるかわかれば、どのくらいの利益が出るのかを予想できます。

STEP3　起業準備を始める

事業計画書を作ったら、いよいよ起業準備です。まずは事業の形態をどうするか考えましょう。個人事業にするか法人にするか？

そのメリット・デメリットを検討します。

法人化のメリット・デメリットについては、第7章で簡単に説明しますので、ここではあまり詳しくは触れません。中小企業庁が個人と法人の対比表を出しているので少し紹介しておきます。

項目	**個人**	**法人（株式会社）**
開業手続きと費用	比較的簡単で費用もあまりかからない。	会社設立登記手続きに手間と費用がかかる。
事業の内容	原則として、どんな事業でもよく、変更は自由である。	事業内容は定款（本書注：会社の組織や運営についての規則を定めた書面）に記載し、その変更には定款の変更登記手続きが必要である。
社会的信用	一般的に、法人に比べてやや劣る。	一般的に、信用力に優れ、大きな取引や金融機関からの借り入れ、従業員の募集などの面では有利である。
経理事務	会計帳簿や決算書類の作成が簡易である。	会計帳簿や決算書類の作成が複雑である。
事業に対する責任	（無限責任） 事業の成果はすべて個人のものとなるが、事業に万一のことがあると、個人の全財産をもって弁済しなければならない。	（有限責任） 会社と個人の財産は区別されており、会社を整理するときには、出資分を限度に責任を負う。 ただし、代表者等は取引に際し連帯保証をするケースが多く、この場合は保証責任を負うことになる。
社会保険	事業主は政府管掌の健康保険にも厚生年金にも加入できない。国民健康保険、国民年金に加入することになる。	役員も会社が加入すれば、政府管掌の健康保険にも厚生年金にも加入できる。
事業主の報酬	事業利益が事業主の報酬となる。	経営者の給与は、役員給与として経費になる。

出典：中小企業庁「平成26年度版　夢を実現させる創業」

法人（株式会社）を設立することに決めた場合は、左記の事項を決めます。

①会社名を決める。　例（ＡＢＣ株式会社）
②本店所在地を決める。（東京都中央区日本橋ｘｘｘｘ）
③事業目的を決める。（ネイルサロンの経営）
④事業年度を決める。（４月１日から３月31日）
⑤取締役とその任期を決める。（代表取締役　浅田直子、任期４年）
⑥資本金・出資金の額を決める。（資本金３００万円）
⑦資本金・出資金は誰がいくら払うか決める。（出資者：浅田直子）
⑧その他（１株当たりの金額、発行可能株式総数、株券発行の可否、公告の方法等）

ただし、これらの事項は、事業計画書をしっかりと作成してあれば、すぐにでも決めることができます。事業計画書を作るメリットは、事業のシミュレーションができるだけでなく、法人を設立する場合に決めなければならない事項がほとんど網羅されているため、すぐにでも法人設立が可能となることです。ただし、ここで気を付けることは、事業目的に、将来的にやりたい事業も付け加えておくことです。

STEP4　起業する

個人事業の場合は、開業届を税務署に提出します。法人の場合は、設立届などの書類を作成して税務署や都税事務所（東京都の場合）に提出すれば、開業です。

そしていよいよビジネスの開始です。まずは、STEP1・2で計画した、自分の商品・サービスを、

①誰に、いくらで、どこで、売るのか？
②どのような強みで、
③どうやって、売るか？

を実践していきます。

そしてここで一番大事なことは、

④どうすればその計画が実現できるのか

です。

実際に起業すれば、計画では想定していなかった問題に直面して、計画を変更しなければならなくなるかもしれません。むしろ計画通りにいくことのほうが少ないのです。その場合、う

まくいかなかった原因を考えて、その失敗を次に活かすことを考えなくてはなりません。その時々の決断や対処の仕方で結果が変わります。ある意味、それが経営することと言えます。そして、その決断は経営者にしかできません。結果はすぐに出ないかもしれませんが、あきらめずに前に進むことです。

松下幸之助氏は次のように述べています。

「失敗したところでやめてしまうから失敗になる。成功するところまで続ければ、それは成功になる」

第2章のポイント

1．起業するために4つのステップを理解する

ＳＴＥＰ１：やりたい仕事を見つける

ＳＴＥＰ２：事業計画書を作る

（誰に、何を、いくらで、どこで、どのような強みで、どうやって）

売るのか

（どうすれば）それが実現できるのか

ＳＴＥＰ３：起業準備を始める

ＳＴＥＰ４：起業する

第3章　お嬢様育ちの主婦が輸入雑貨で一念発起
「詐欺被害に遭う苦難のスタート」

ビジネスには物販業とサービス業がある

ビジネスには、大きく分けて、仕入れ（在庫）が必要な物販系の仕事と、コンサルタント業のようにほとんど仕入れが必要ないサービス業とがあります。

①仕入れ（在庫）が必要な仕事＝物販業

・卸売業、小売業など

飲食業やネイルサロンなどはサービス業と物販業の2つの要素を持つ仕事ですが、本書では在庫を持つので物販業として考えます。

②仕入れ（在庫）がほとんど不要な仕事＝サービス業

・税理士などの士業、コンサルタント業、デザイン業、編集業、ホームページ制作業、ソフトウエア開発業、ベビーシッター業、家事代行業、広告代理店業、整体業、マッサージ業など

物販業は、常に商品の仕入れが必要になるので、売り上げが増えれば増えるほど仕入れも増えていきます。したがって、どうしても資金繰りが必要になってきます。詳細は後で説明しますが、

●粗利《あらり》の高い商材をいかに多く売るか
粗利とは、売り上げから売上原価（商品などを仕入れるのにかかった費用）を引いたもので、売上総利益とも言います。

●運転資金をいかに減らすか
運転資金とは事業を継続させるために必要なお金のことで、売上代金を回収するまでに商品の仕入れや経費の支払いで必要となる資金（お金）のことを言います。

がポイントになります。

開業資金200万円、子供2人を育てる主婦が起業

・43歳、既婚、子供2人
・開業資金：200万円
・使用明細：海外の展示会への渡航費（30万円）、仕入れ（100万円）、ホームページ制作費・広告宣伝費（70万円）

ある交流会で知り合い、相談があった井上彩さんの例は物販業の説明としてうってつけなので紹介しましょう。

彼女は43歳で既婚。夫と子供が2人います。趣味は旅行で、短大卒業後に父親の会社に就職した、失礼ながらいわゆるお嬢様で世間知らずというタイプです。


「今日はお時間を取っていただいてありがとうございます。私は、日用雑貨、アクセサリー、ウォールステッカー、スマートフォン用のステッカーなどを海外から仕入れて販売するビジネスをしています」

「今の状況を知りたいので、詳しく話していただけませんか？」

「はい。私は短大卒業後、すぐ父親の会社に入社したのですが、結婚を機に一度退職しました。その後子供の手がかからなくなったので、再度パートタイムとして父親の会社で事務の仕事をしていました」

契約をひっくり返された！

「短大を卒業後、父親の会社に就職したのはいいのですが、周りからは社長の〝お嬢さん〟という目で見られるし、事務職で仕事もつまらなくて、何か自分の好きなことを仕事にしたいといつも考えていました。以前から興味のあった海外から雑貨やアクセサリーを仕入れて販売する仕事をしたいと思って関連する本を読んだり、輸入業のセミナーにも何回も通って知識を仕入れ、海外の展示会にも何度か出かけました」

「海外の雑貨に興味があったんですね」

「はい。そんな時、ある海外の展示会でおしゃれな日用雑貨を見つけ、その外国のメーカーと直接取り引きできないか交渉して何とか契約を結ぶことができたんです。私は外国語ができないので、その時は友人に頼んで同行してもらい、話を進めてもらって、商品を何点か購入して日本に帰国しました。そして友人の紹介などで、日本でその商品を扱ってくれるという大手の卸問屋も見つけることができて、話はとんとん拍子に進みました」

「それはよかったじゃないですか」

「でも、その大手の卸問屋は、いざ契約という段になって、突然私ではなくてある商社と契約してしまったんです。その外国メーカーと日本での独占販売契約を結ぶことができなかったので、やむを得ない面もあるかもしれないんですけど」


　私は井上さんの話を聞いて、契約の進め方に問題があったのではと思いましたが、それには触れず、

「なるほど、資金力のある商社がその外国メーカーと契約して、その商品を大量に安く仕入れて卸問屋に販売したため、資金力では到底かなわない井上さんは、土壇場で契約をひっくり返されてしまったってことですね。その卸問屋がその日用雑貨を売れると踏んで、安く仕入れるためにその商社に商品を仕入れるよう指示したのかもしれませんね。もちろん真相はわかりませんが。その卸問屋は、取引もない知らない個人事業主より、取引のある商社との契約を選ん

だということでしょう」

また、だまされた!

「でもここであきらめるわけにはいかないと思ったんです。次に、あるアクセサリーに目をつけて、今度はこれを海外から仕入れて売ることを考えました。ネットショップを開設して売り始めましたが、ホームページ制作や宣伝広告費にあまりお金をかけることができなかったため、ほとんど売れませんでした」

「ネットショップだけで売るのは難しいですからね」

「するとある時、A社から、『このアクセサリーは素晴らしい、これなら絶対売れるはずだ』と電話がありました。これまでまったく売れなくて困っていたので、うれしくなって舞い上がってしまいました。するとA社は、『この商品はTVショッピングで売ったほうが絶対売れる、タレントを使って宣伝映像を作るのでやってみないか』と持ちかけてきたんです」

「何か裏がありそうな話ですね」

「私も自信をなくしていた時だったので、後から考えればおかしいと気づいたかもしれませんが、この時は完全に冷静さを失っていました。実際、あるタレントを使い宣伝映像も完成させました。しかしこの映像がいつまで経ってもTVショッピングに流されないんです。おかしいと感じたので、A社に連絡をしてみたら、連絡がつかないんです」

「やられましたね。それでどうしました?」

「いろいろ調べたところ、すでに倒産していました。その会社は当時倒産寸前だったみたいなんですが、起業したばかりの会社をターゲットにして、苦し紛れにいろいろな話を持ちかけては詐欺まがいの行為をしていたみたいなんです。悔しいと思ったんですが、後の祭りって感じでどうしようもなくて。もちろん、その時支払った製作費も回収できていません。大きな損失を出してしまいました。アクセサリーはまだそれほど多く仕入れていなかったので大量の在庫を持たずには済みましたが」

「お金を取り戻すのは難しそうですね。これまでにお金はどのくらい使ったんですか？」

「当時ネットショップで売ろうと思っていたウォールステッカーやスマホ用のステッカーも在庫がたくさん残っていました。仕入れ代金やセミナー費用、海外への渡航費も含めてここまでに使った資金は１６０万円ほど。売り上げのめどはまったく立っていません」

「そうですか。どうやって立て直すかですね」

「ウォールステッカーやスマホ用のステッカーも自社で開設したネットショップではほとんど売れていません。また、悪いことにたまに売れるとその在庫がなくなってしまい、新たに商品を追加で仕入れなくてはならないんです。その海外メーカーはウォールステッカーだけでも１５０種類ほど持っています。しかも仕入れの最低額が30万円です。そのなくなった商品を補充するために他の商品と合わせて30万円も仕入れなければなりません。これでは売れない商品の在庫がどんどんたまっていってしまいます」

「井上さん、状況は大まかにわかりました。そのネットショップを見せてもらえませんか？」

井上さんのネットショップを見ると、100種類ほどの商品を掲載していました。これでは種類が多すぎて、ある商品の在庫がなくなったら、追加仕入れのために最低30万円の資金が必要になってしまいます。さらに現金前払いの契約です。これではお金がいくらあっても足りません。品揃えも大事ですが、輸入販売という点を考えれば商品を絞り込むことが大事です。

「井上さん、これまで事業をやってきて、営業や経理関係はどうしていましたか？」

「はい、先生、お恥ずかしい限りですが、営業はネットショップだけで売っていたものですからほとんどしていません。また、経理関係は、領収書とかは月ごとに整理していますが、記帳はしていません。売り上げもあまり上がっていませんし、費用ばかりかかっているので当然赤字になっていると思って……」

「なるほど、わかりました。まずは、記帳して試算表を作成してみましょう」

失敗の原因①～経営者としての自覚が不足していた～

起業するといろいろな会社からアプローチされます。その数はびっくりするくらい多いものです。どこの会社と取り引きするかを決めるのは経営者の重要な仕事です。時には井上さんのように契約をひっくり返されたり、詐欺まがいの事件に巻き込まれたりすることもあります。

どの会社と取り引きするか、何にお金を使うかは経営者しか決められません。このあたりは実際に経験しないと判断がつかないかもしれませんが、起業したての場合は致命傷を負わないように慎重な行動が求められるのです。

また、契約をひっくり返された今回のケースですが、通常はある程度規模が大きい会社は個人事業主との取引はしないことが多いので、個人事業主で事業を始めるのではなく最初から法人にしていれば対応が少しは変わっていたかもしれません。実は、個人事業主が法人化する大きな要因の一つに、取引先から法人でないと取り引きできないと言われたからという理由があるのです。

失敗の原因②～運転資金の流れを考えていなかった～

物販業の特徴として、仕入れ代金が必要になることは先にお話ししました。商品を売る前に仕入れが先行するので、どうしても運転資金が必要になってきます。井上さんのネットショップを見ると１００種類ほどの商品を掲載しているので在庫の管理が大変です。しかも、最低発注単位が30万円以上ということは、井上さんも考えていた通り、ある商品がなくなった場合、その補充のために、現在在庫がある他の商品まで仕入れなければならないので、運転資金が余計にかかってしまいます。在庫はお金をそのまま眠らせてしまうので、少額で起業する場合は、できるだけ在庫を持たないようにしないといけないのです。

物販業の場合は、

①粗利の高い商材をいかに多く売るのか
②運転資金をいかに減らすか

がポイントになってきます。これは先ほど説明しました。ただ、こういったことを把握するには、日々の経理が大事です。毎日記帳して、資金はいくらあるのか、経費はどの程度使っているのか、在庫金額はいくらになっているのかなどを正確に把握していないとタイムリーな対策はとれないのです。しっかり記帳して試算表を作れば、有益な経理情報を得ることができます。

失敗の原因③～営業、マーケティングができていなかった～

井上さんは在庫のウォールステッカーやアクセサリーを、自社で開設したネットショップだけで売っています。しかもこれがほとんど売れていません。

ネットショップで売ろうとした場合、SEO対策やリスティング広告などにお金がかかります。まずは、そのショップそのものをお客さんに知ってもらう必要がありますからね。しかし、その前にお金を使いすぎて肝心のマーケティングにお金がかけられない。となるとネットだけに頼らず、もう少し実際の店舗に置いてもらうとか他に売るルートを考える必要があります。

新たな販路を開拓するために地道な営業を行う必要があるのに、それが全然できていません。

ＳＥＯ対策とは、グーグルなどの検索サイトで検索した結果のページに、自らのウェブサイトが上位に表示されるように工夫することです。

リスティング広告とは、ヤフーやグーグルなどの検索エンジンでユーザーがあるキーワードで検索した時に、その検索結果に連動して表示される広告のことです。

事業を軌道にのせる極意

井上さんに必要なのは、まずは現状をしっかりと把握して、事業計画をしっかりと作り込むことです。そして今後どのように行動していくかを徹底的に考えることです。資金的なことを考えると、銀行からの融資を受けることを考えてもいいかもしれません。

事業計画のポイントは、

①在庫を減らすために取り扱う商品を絞り込むこと
②仕入れ先への一回の発注単位を下げること
③新たな販路の開拓と、営業・マーケティング
です。

井上さんのこれまでの経緯と今後の対策を簡単に図でまとめると次のようになります。

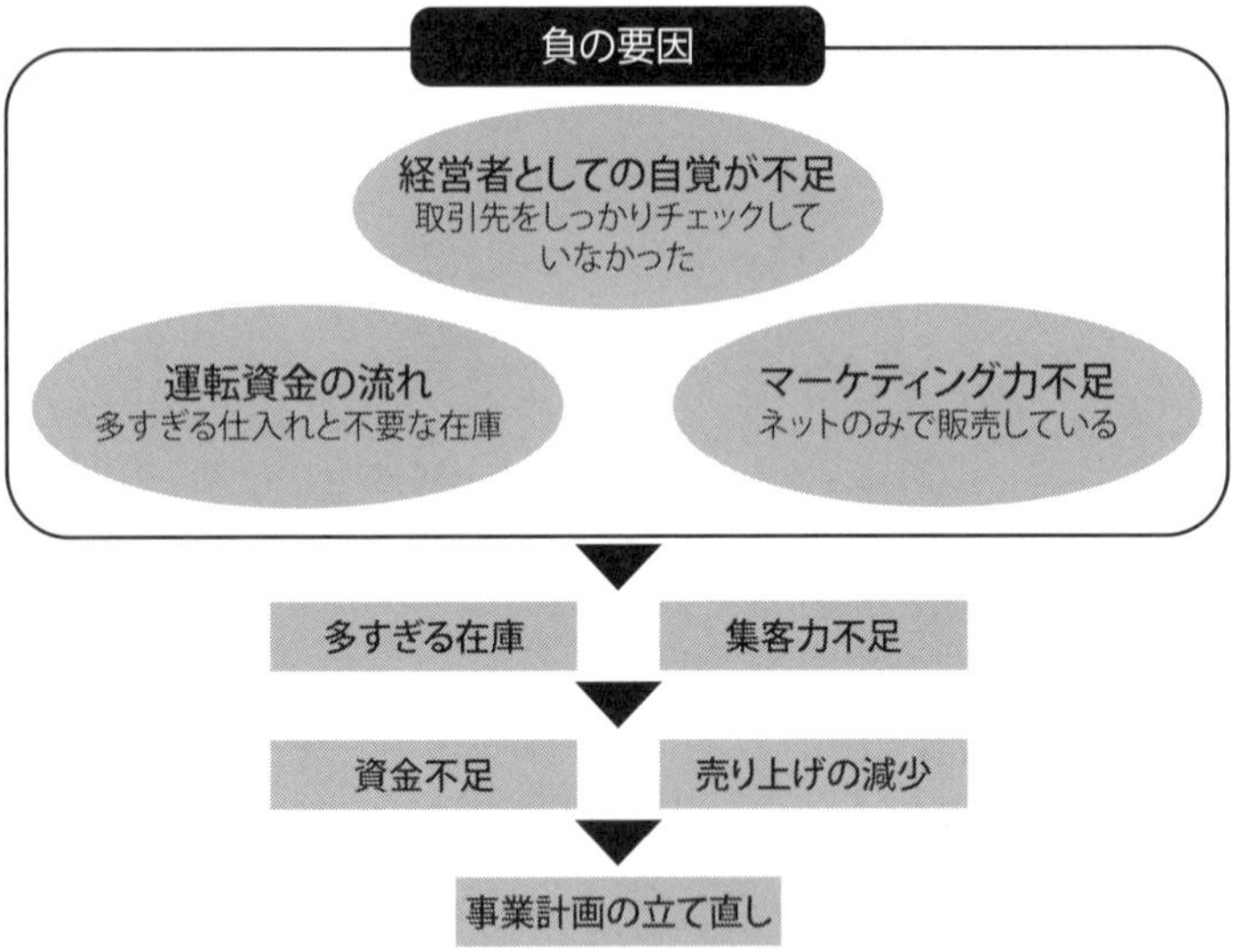
負の要因
経営者としての自覚が不足
取引先をしっかりチェックしていなかった
運転資金の流れ
多すぎる仕入れと不要な在庫
マーケティング力不足
ネットのみで販売している
多すぎる在庫
集客力不足
資金不足
売り上げの減少
事業計画の立て直し

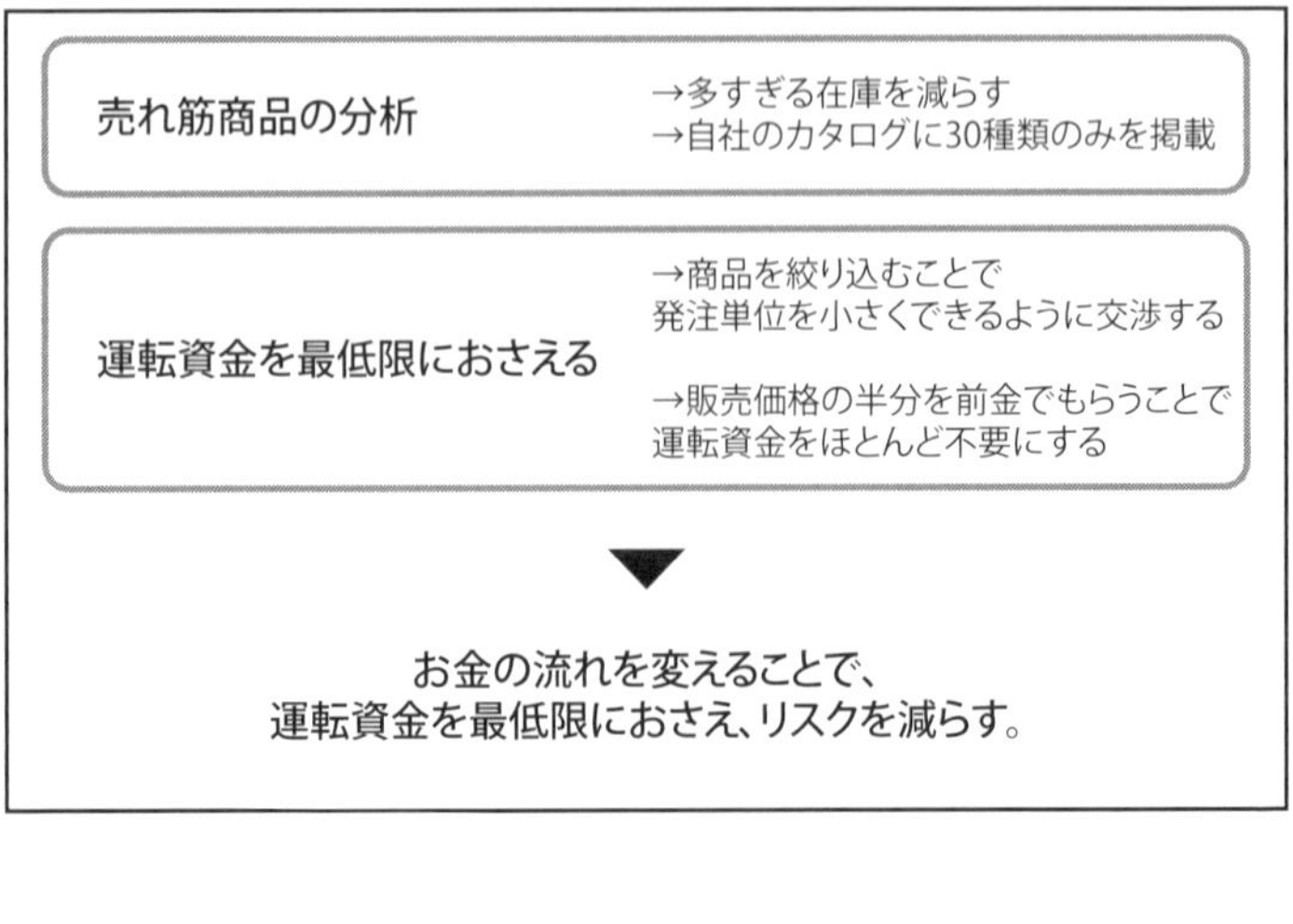
売れ筋商品の分析
→多すぎる在庫を減らす
→自社のカタログに30種類のみを掲載
運転資金を最低限におさえる
→商品を絞り込むことで
発注単位を小さくできるように交渉する
→販売価格の半分を前金でもらうことで
運転資金をほとんど不要にする
お金の流れを変えることで、
運転資金を最低限におさえ、リスクを減らす。

事業をうまく軌道に乗せる方法を一言で言うと、

①利益を上げる

②運転資金を減らす

ことです。このたった2つに集約されます。これは、物販業でもサービス業でも同じです。

つまり、利益を上げるには、「**売り上げを上げる**」ことと「**経費をコントロールする**」ことが必要なのです。

運転資金を減らすには、在庫をできるだけ持たないこと、売掛金の回収はできるだけ早くすること、支払いはできるだけ遅らせる、ということです。売上金を前金でもらえればなおよいということになります。

言葉で言うととても単純ですが、この仕組みを作ることが、好きな仕事で起業して、事業を軌道に乗せる近道なのです。

反撃開始のアクションプラン

「井上さん、まず大事なのは、事業の基本方針（コンセプト）です。基本方針は何ですか？」

「基本方針は、日常の生活の中に素敵な空間の演出をお届けします！　です。ため息が出るほど素敵なステッカーを貼るだけで日常生活にワンランク上の心の満足をお客さまにお届けします。

事業の概要は、海外から仕入れたウォールステッカーやスマートフォン用のステッカーなどに特化して販売し、お客さまの日常の空間を素敵に演出することです。

市場の環境は、日本製と海外製含めてたくさんの競合相手がいます。日本製のステッカーは高品質という点で優れています。デザインも日本のインテリアに合うものが充実していますが、日本の住環境に合う小さめのサイズが多く、大きなサイズのウォールステッカーが少ないのが現状です。私の強みは、海外メーカーから仕入れているため、大きなサイズから小さなサイズまで揃えていることと、デザイン性が非常に高い点です」

井上さんの基本方針は明確です。これはとてもよいことですね。意外とはっきりしていない人が多いのです。

「まずは、これまでの実績を見て、取扱商品を評判のよかったものや売れ筋の30種類ほどに絞り込みましょう。商品を絞り込み海外メーカーへの発注単位を引き下げるよう交渉します。新たな販路の開拓として、自社のカタログとしてこの30種類のみを載せて作り、ネットショップだけではなくて、エステサロンやヨガ教室などに実際に壁にウォールステッカーを貼ってもらいそこで商品も販売します。リフォーム会社と提携して『リフォーム会社の商品』としてマンションなどのリフォーム時にこのウォールステッカーも一緒に提案してもらうのもいいですね。商品ごと価格ごとの在庫管理も徹底し、月次で経理もやって資金（お金）の管理もやっていきましょう」

3カ月後、お金の流れが劇的好転！

井上さんは、ネット販売だけでは売り上げに限界があるため、新たな販路をリフォーム会社に求めました。うまくいかなかった場合は、まず行動です。すぐ方向転換ができる柔軟性も大切です。

すぐに動いたおかげで、井上さんは新たな販路を開拓することができ、商品を絞り込むことで発注単位を小さくすることに成功しました。海外のメーカーと交渉して、仕入れ商品を絞り込む代わりに、最低の仕入れ単位を5万円にすることができたのです。これで余分な在庫を持つ必要がなくなったので、運転資金も小さくできました。

新たな販路の開拓のためにリフォーム会社を営業で回っているうちに、複数の会社との契約もでき、売り上げも上がるようになってきました。また、ある高級リフォーム店から井上さんの商品を自社の商材としてリフォームに組み込んでお客さまに提案していこうという話が持ち上がりました。しかも、その会社との取引は、案件ごとに販売価格の半分を前金でもらい、あと半分は納入時に支払ってもらうという契約です。これなら仕入れ代金のほとんどを前金でもらうのでリスクはありません。運転資金をほとんど不要にすることができました。
売上代金を前金で半分もらうシステムを実現することで、資金不足に陥ることを回避できたのです。新たな販路を開拓し、売り上げを伸ばし、運転資金を減らせたので、事業を大きく前進させられました。

半年後の井上さん

ようやく井上さんの事業も軌道に乗ってきました。ここまであきらめずに頑張ってきたかいがありました。今、井上さんは主婦業をこなしながら、事業をさらに拡大すべく奮闘しています。

「先生、いろいろとありがとうございました。今思うとお恥ずかしい限りですが、最初は経営者としての自覚が全然ありませんでした。経営者はその時の判断が結果に返ってくるんですね。在庫はお金を眠らせることとか、地道な営業やマーケティングの重要性にも気づくことができました。実際に事業を行ってみて、経営のコツは、利益を上げる工夫をすることと運転資金を減らすことという2つのポイントがわかってきたような気がします。もちろんまだまだよちよち歩きって感じでこれからもっともっと頑張らなきゃ、って思っています。経理も月次でやって、在庫の管理もしっかりやっています」

「計画を作って実行する。そして結果を検証することが大事です」

「事業計画を作り直して、今後のアクションプランを作りました。それにしたがって、ネットショップ以外の新たな販路を開拓していくうちに、ネイルサロンやヨガ教室に私の商品を貼ってもらって雰囲気がよくなったと喜んでいただくだけでなく、商品を販売してくださった結果、だんだん売れるようになってきて、少しずつ手応えを感じてきています。今後はもっと商品を置いてくれるお店を拡大していきたいと思っています」

「着実にやっていきましょう」

「はい、おかげさまでリフォーム会社との提携もうまく進んでいて、少しずつですが契約も増えてきています。ようやく独り立ちできそうなので、中途半端はやめようと父親の会社も退職しました。これを私の仕事としてしっかり続けていきたいと思っています。今すごくやりがいを感じているんです。こんな私でもやればできるんだって、少し自信が出てきました。事業も少しずつでも拡大していきたいと思っています。私、今毎日楽しいんです。自分の好きなことをやってお金をいただけるなんて、感謝です。先生、本当にありがとうございました」

第3章のポイント

1. 物販業とサービス業の違いを理解する

物販業のポイントは、

①粗利の高い商材をいかに多く売るか

②運転資金をいかに減らすか

2. 事業をうまく軌道に乗せるコツ

①利益を上げる（「売り上げを伸ばす」ことと「経費をコントロールする」こと）

②運転資金を減らす

第４章　少資金での起業に理想的な事業モデル

物販ビジネスのお金の流れ

ビジネスには、大きく分けて、仕入れ（在庫）が必要な物販系の仕事と、コンサルタント業のようにほとんど仕入れが必要のないサービス業があると第3章の初めに少し触れました。

物販業は、常に商品の仕入れが必要になるので、売り上げが増えれば増えるほど、それにつれて仕入れも増えていきます。したがって、どうしても資金繰りが必要になってきます。繰り返しになりますが、

（1）粗利《あらり》の高い商材をいかに多く売るか

粗利とは、売り上げから売上原価（商品などを仕入れるのにかかった費用）を引いたもので、売上総利益とも言います。

（2）運転資金をいかに減らすか

運転資金とは事業を継続させるために必要なお金のことで、売上代金を回収するまでに商品の仕入れや経費の支払いで必要となる資金（お金）のことを言います。

がポイントになります。

（1）粗利の高い商材をいかに多く売るか

粗利は次の式で表せます。

売り上げ－売上原価＝粗利（売上総利益）

たとえば、１個10万円のバッグを10個仕入れて、１個15万円で10個売った場合の売り上げは、１５０万円（15万円×10個）になります。この場合のバッグの仕入れ代金は、10万円×10個＝１００万円です。これが売上原価です。売り上げ（１５０万円）から仕入れ（１００万円）代金（売上原価）を引いた50万円（１５０万円－１００万円）が粗利になります。

では、もし、８個しか売れなかった場合はどうでしょうか。売り上げは、15万円×８個＝１２０万円になります。この場合の粗利はいくらになるでしょう。１２０万円－１００万円（10万円×10個）＝20万円でしょうか。

違います。粗利は、１２０万円－80万円（10万円×８個）＝40万円なのです。売れ残った２個は在庫となり売上原価には含まれません。売上原価は、売れた８個に対しての原価になります。つまり、売上原価とは売れた分に対応した原価のことを言うのです。

10個売れた場合

売上高	1,500,000	（15万円×10個）
仕入れ	1,000,000	（10万円×10個）
在庫	0	
売上原価	1,000,000	
粗利（売上総利益）	500,000	

販売価格
1個　15万円

仕入れ価格
1個　10万円

粗利
15万円－10万円＝5万円

8個しか売れなかった場合

売上高	1,200,000	（15万円×8個）
仕入れ	1,000,000	（10万円×10個）
在庫	－200,000	在庫（10万円×2個）
売上原価	800,000	
粗利（売上総利益）	400,000	

在庫　2個
10万円×2個＝20万円

10個売れた場合（仕入れが1個8万円の場合）

売上高		1,500,000
	仕入れ	800,000
	在庫	0
売上原価		800,000
粗利（売上総利益）		700,000

（15万円×10個）

（8万円×10個）

↑ 20万円増えています

売上高		1,500,000
	仕入れ	800,000
	在庫	0
売上原価		800,000
粗利（売上総利益）		700,000
	人件費	200,000
	家賃	100,000
	その他経費	100,000
利益		300,000

← 粗利が大きいほど利益が出やすい

次に、もしバッグの仕入れ価格が、1個10万円ではなく8万円だった場合はどうでしょうか（図は81ページ）。売上高は、15万円×10個なので150万円で同じです。10個売れた時の売上原価は、8万円×10個＝80万円です。そうすると粗利は、150万円－80万円＝70万円となり、1個10万円の時と比べると20万円増えることになります。したがって、粗利が大きいほど使えるお金が増えます。

物販業の場合は、粗利が大きいほど利益が出やすくなります。粗利から人件費や家賃などの経費を支払うことになるからです。

（2）運転資金をいかに減らすか

運転資金とは事業を継続させるために必要なお金のことで、売上代金を回収するまでに商品の仕入れや経費の支払いで必要となる資金（お金）のことを言います。

運転資金は、簡単に言うと次の式で表せます。

運転資金＝（まだ回収していない売上代金）＋（在庫金額）－（まだ支払っていない仕入れ代金）

この式を2つに分けて考えるとわかりやすくなります。

①まだ回収していない売上代金－まだ支払っていない仕入れ代金

②在庫金額

たとえば、現金１００万円で事業を始めたとします。1個10万円のバッグを10個仕入れて、１００万円を支払います。また、10個のうち、8個を1個15万円で売って、１２０万円を売り上げるとします。売れ残った2個は在庫になります。仕入れ代金は現金ですぐに支払いますが、売上代金は1カ月後に入ってきます。この時の粗利はいくらになるでしょうか。前項で説明しましたが、図示すると84ページのようになります。

ただしこの場合は、会計上は利益が出ていますが、まだ売上代金を回収していないので、手元にお金はありません。最初に持っていた１００万円は仕入れに使ってしまったので、現金が手元にない、つまりゼロです。今あるのは、まだ回収していない売上代金の１２０万円と在庫の20万円分のバッグだけになります。

そうすると、

①の運転資金は、
まだ回収していない売上代金－まだ支払っていない仕入代金＝
１２０万円－０円＝１２０万円

売上高	1,200,000	（15万円×8個）
仕入	1,000,000	（10万円×10個）
在庫	－200,000	在庫（10万円×2個）
売上原価	800,000	
粗利（売上総利益）	400,000	

仕入れ
1個　10万円×10個＝100万円

●現金で支払う。　△100万円

売り上げ
1個　15万円×8個＝120万円

●1カ月後に入金される。

在庫
仕入れ10個－売り上げ8個＝2個
1個　10万円×2個＝20万円

●手元の現金
100万円－100万円（仕入れ10個）＝0円

売上金が入金されるまでのタイミングと、仕入れ代金を支払うタイミングがズレるので運転資金が必要になるということになります。

もう一つが、在庫の金額です。

商品を１００万円（10万円×10個）分仕入れましたが、８個売れたので、今の在庫は20万円（10万円×２個）です。

そうすると②の在庫金額は、20万円となります。

結局、運転資金は、

①と②を足して、１２０万円＋20万円＝１４０万円になります。

回収していない売上代金（１２０万円）が入ってこないと新たな仕入れができません。また、新たに80万円分のバッグを仕入れない限り、１００万円分の在庫を持つことができないのです。

運転資金が大きいほどお金が必要になり、小さくなるほどお金が不要になる。

たとえば、まだ回収していない売上代金が２００万円、在庫が１００万円で、まだ支払っていない仕入れ代金が50万円であれば、

運転資金は２００万円＋１００万円－50万円＝２５０万円になります。

もし、まだ回収していない売上代金が１００万円、在庫が50万円で、まだ支払っていない仕入れ代金が１００万円になったらどうなるでしょうか。１００万円＋50万円－１００万円＝50万円になり、運転資金が２５０万円から50万円に減ります。

この式の意味は、売上代金の回収までの期間が短くなればなるほど運転資金の金額が小さくなりますし、在庫の金額が小さいほど、同じく金額が小さくなります。また、仕入れ代金の支払いまでの期間が長いほど運転資金の金額は小さくなります。

売上代金は、会計上は売り上げとして計上されますが、回収されるまでは現金になりません。

また、商品を仕入れるには先にお金を支払う必要があります。そして、その商品は仕入れた後いったん在庫になります。その在庫品を販売し、その売上金が入金されてはじめて手元にお金として入ってきます。商品とお金の動きで見ると次のようになります。

仕入れ↓（代金の支払い）↓在庫↓販売↓（売上代金の回収）

仕入れ代金を支払うタイミングと売上代金のタイミングのズレであるタイムラグ（時間差）が運転資金を必要とする理由なのです。

資金繰りとは？

仕入れた商品の代金を支払った時から実際に現金として手元に入ってくるまでにタイムラグがあるため運転資金が必要になることは前に説明しました。この運転資金のタイムラグの調整のことを「**資金繰り**」と言います。

資金繰りとは簡単に言えば、会社に「入ってくるお金」と「出ていくお金」を上手に回していくことです。「入ってくるお金」と「出ていくお金」のタイムラグをちゃんと割り出して、お金が足りなくなる可能性があれば計画的な借り入れをしたりすることを言います。

資金繰りは会社の経営にとって非常に大事です。**会社が存続できなくなる理由はたった一つしかありません。それは、「お金がなくなった時」です。**会社は、「お金がなくなった時」に倒産し、存続できなくなってしまうのです。そのため、資金の「入」と「出」を的確に見積もり、資金不足に陥らないように対処することが資金繰りの目的なのです。

なぜ資金繰りが必要になるかを次ページの図を使ってもう少し詳しく説明します。

たとえば、１月20日に商品を仕入れて、その仕入れ代金の支払い１００万円は、２月28日とします。２月20日に注文がきて商品を出荷して、その商品代金２００万円の入金が、４月30日だとします。

まず仕入れ代金の１００万円を２月28日に支払います。次の注文に備えて仕入れのお金が必要になりますが、２００万円の入金は４月30日までありません。つまり、入金と出金のタイム

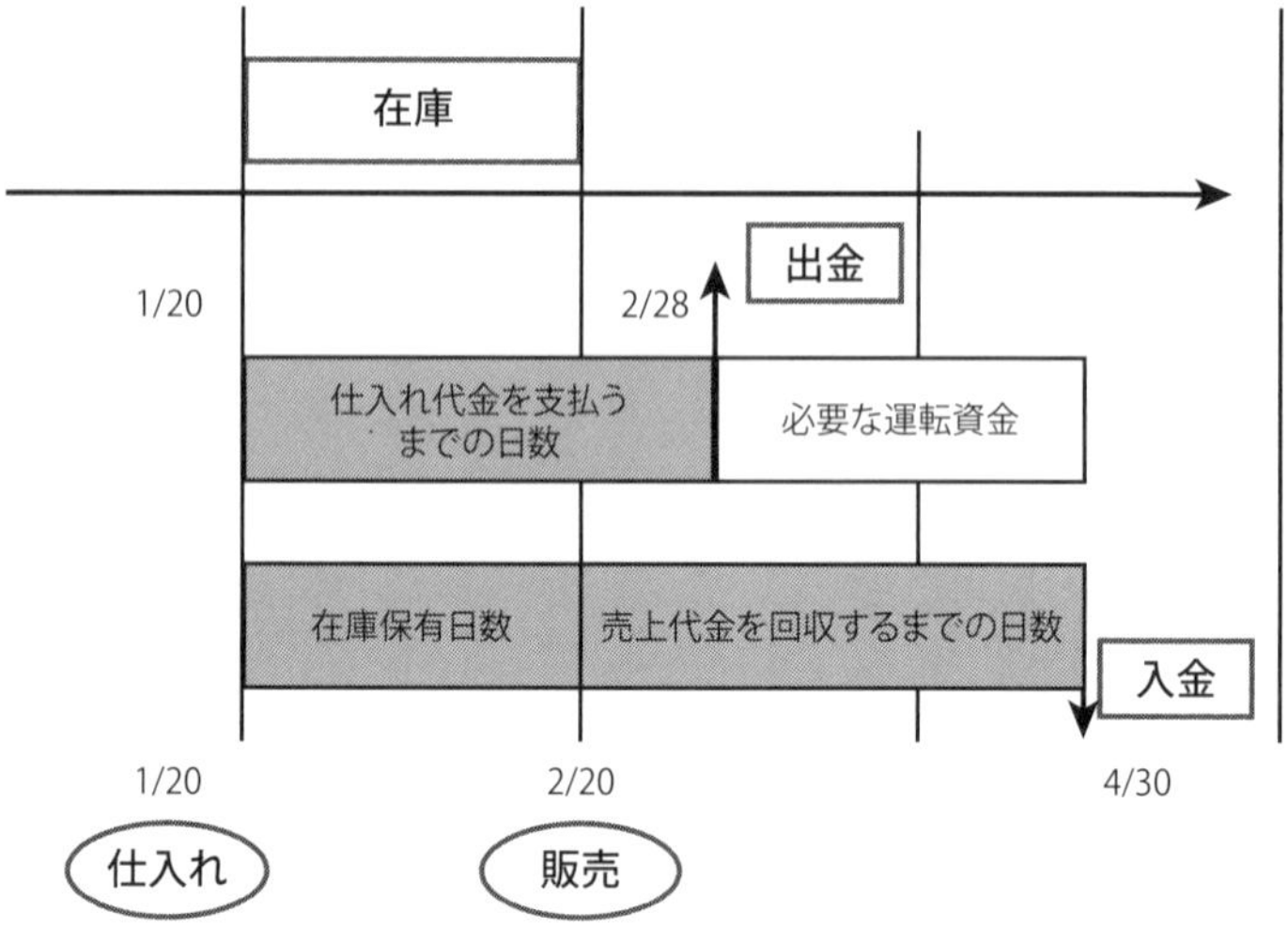

ラグの分だけ、必要な資金を確保する必要があるのです。これが資金繰りです。

これが大事！　お金に困らない事業モデルを作る

在庫を持つ物販業の場合は、まず仕入れた商品が売れるかどうかでビジネスが成立するかどうかが問われます。仕入れた商品が売れないと、いつまで経っても在庫として残ってしまい、お金を眠らせたままになるからです。物販業の課題は、常に資金繰りの問題に直面することです。

しかし、最初から可能な限り資金繰りに困らない事業モデルを作ればどうでしょうか。

なぜ資金繰りが必要になるかというと、出金と入金のタイムラグが生じるからです。では、このタイムラグをなくせばどうなるでしょうか。

上の図を見てください。

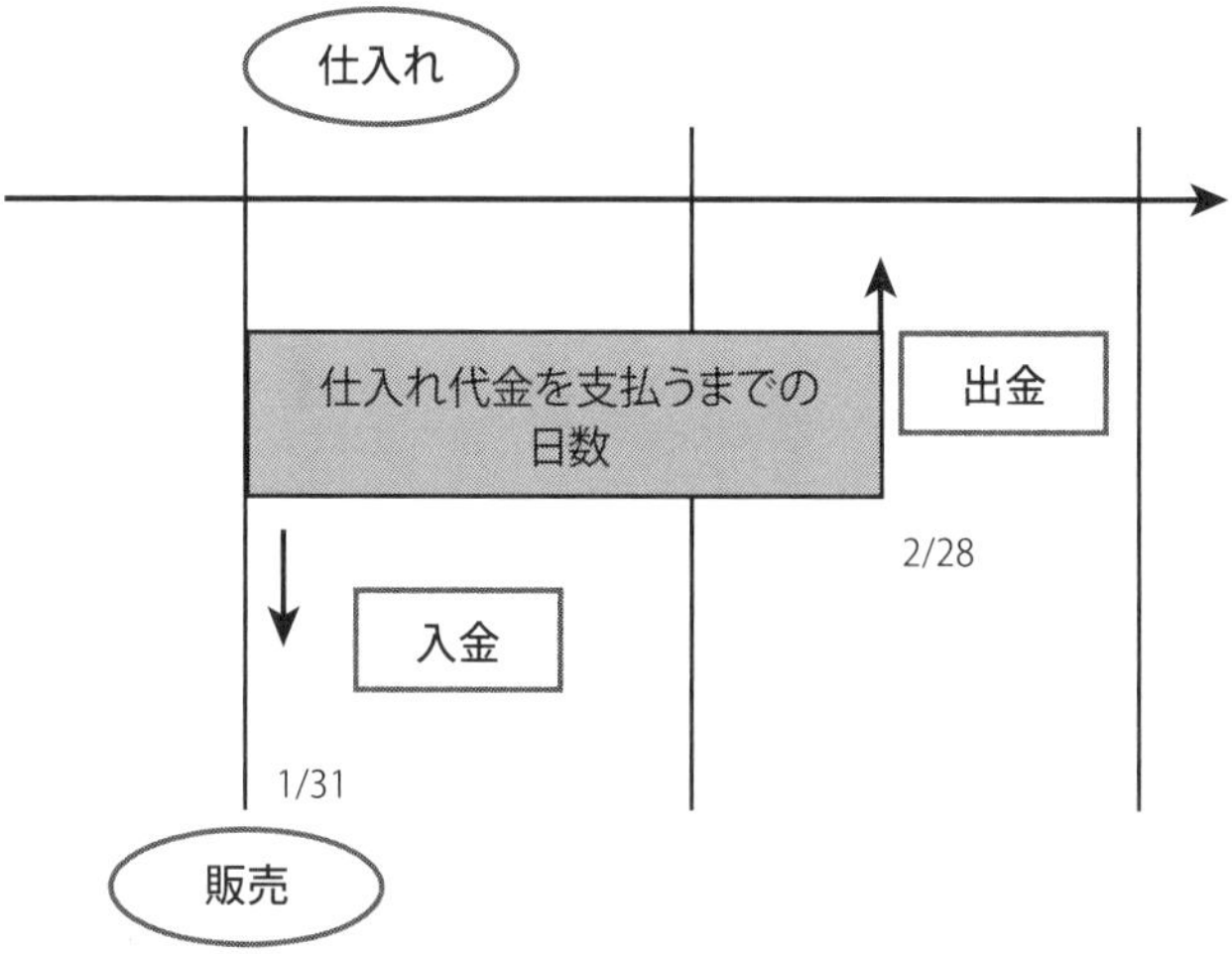

これは、前金で売上代金をもらうビジネスの例です。１月31日に注文があり、売上代金の２００万円を前払いしてもらいます。注文があってから商品を仕入れて発送し、２月28日に仕入れの代金１００万円を支払います。そのため、売上金の回収日数も在庫保有日数もありません。

売る前から代金をもらえるなんてそんなうまい話があるのかと思う方もいらっしゃると思います。でも考えてみると世の中にはそのようなビジネスは結構あります。

たとえば、クリーニング取次店のモデルを考えればイメージしやすいと思います。クリーニング店は代金を顧客から前金でもらいます。在庫は必要ありません。売り上げを伸ばして利益を増やせば増やすほどお金が増えていくシステムです。また、先にプリペイドカードを販売して、後から顧客にサービスなどを利用してもらうような事業モデルもそうです。授業料を前払いでもらう英会話スクールなどや本の年間購読料を先に支払ってもらい、後から本を発送するようなシステムもそうですね。こうした会社はどこも、前金で売り上げの代金をもらうので、運転資金が不要となります。また、在庫を持たなければ、仕入れ代金が不要になります。注文があったら前金でもらい、それから商品を仕入れて発送すれば在庫を持つ必要がありません。

つまり、少資金で起業する場合に目指す理想的な事業モデルは、次の3つを満たす事業モデルです。

①売り上げは、前金で回収する
②仕入れなどの支払いはできるだけ後にする
③在庫が不要である

お金に困らない資金繰りが不要な事業モデルとは、簡単に言えば、運転資金を不要にして、利益を上げる事業モデルのことです。

第４章のポイント

１．運転資金と資金繰りを理解する

運転資金＝（まだ回収していない売上代金）＋（在庫金額）－（まだ支払っていない仕入れ代金）

運転資金が大きいほどお金が必要になり、小さくなるほどお金が不要になる

「資金繰り」とは、運転資金の時間差の調整のこと

２．少資金で起業する場合の事業モデルは、お金に困らない事業モデルを考える

①売り上げは、前金で回収する
②仕入れなどの支払いはできるだけ後にする
③在庫が不要である

第5章　プリザーブドフラワーで起業も「資金繰りの大ピンチ」

33歳、バツイチ女性の起業ストーリー

第3章で、物販業のポイントは、

①粗利《あらり》の高い商材をいかに多く売るか
②運転資金をいかに減らすか

であることを説明しました。第5章ではプリザーブドフラワーの製作・販売という物販業で起業した上田美保さんの例を取り上げます。上田さんは私が主宰する日本起業家倶楽部というサイトに登録された方で、当初は融資の相談でお会いしました。

・33歳、バツイチ、実家住まい
・開業資金：100万円
・使用明細：仕入れ（35万円）、ホームページ制作・広告宣伝費（40万円）、
　会社設立費用（25万円）

「私は、33歳でバツイチです。今は、実家に戻り居候しています。生活費があまりかからないので助かっていますが、両親には申し訳ないので、一刻でも早く事業を軌道に乗せて安心させ、

生活費だけでも入れたいと思っています。大学を卒業してからある会社に勤めていましたが、26歳の時結婚退職し、その後は専業主婦をしていましたが、2年ほど前に離婚しました。離婚後就職活動をしたのですが、なかなか仕事がありません。このままではいけないと思って、思い切って貯金をはたいてプリザーブドフラワーの教室に通い、半年ほどかけて技術を習得しました。その教室が主催している試験にも合格し、認定会員にもなりました。起業する前は、ある教室で先生として生徒さんに技術を教えていました。それで、そろそろ一人でもやっていける自信がついたので、半年ほど起業の準備をして、株式会社を設立しました。法人の住所は、登記ができるレンタルオフィスにしました。レンタルオフィスと言っても専用の机やイスはなくて、住所を貸してくれるのと転送の電話があるだけです。最初から法人にしたのは、この仕事をずっと続けるつもりでいるからです」

「ずいぶんとしっかり進めておられますね」

資金は100万円、プリザーブドフラワーで起業した理由

「今思えばこの事業で起業する原点は、中学生の時、学校の先生にリボンフラワーを習ったことから始まっています。自分で花を作る楽しさを覚え、ちょっとした趣味のようになったんです。大学時代は、サークルで華道部に所属してお稽古を続けてきました。社会人になっても仕事の合間を縫って、アートフラワーや生け花などを学んできました。この時は、お花が好きということもあったんですが、どちらかというと花嫁修業の一つみたいに考えていたんです。そ

れに、友人の結婚式のブーケを作ってプレゼントした時、自分が作ったお花ですごく喜ばれたことがあって、何よりもそれがうれしかったんです。結婚後は、専業主婦だったので時間が比較的あり、フラワーアレンジメントの教室にも通っていろいろ勉強してきました。民間の資格ですけど試験も受けてパスしたので、生徒さんに教えることもできるんです」

「なぜプリザーブドフラワーで起業したんですか？」

「プリザーブドフラワーを選んだのは、結婚祝い、出産祝い、お誕生日や記念日、また開店や開業祝いにと用途が広く、生花の在庫を抱えなくていいし、ネットでも商売ができるので十分やっていけると思ったからです。それに、プリザーブドフラワーは長持ちするので、すぐに売れなくてもある程度時間をかけてゆっくりでも売れればいいと思っていました。私がこれまで積み重ねてきた経験や技術をもとに丁寧に手作りしているのが強みだと思っています」

「なるほど、好きを仕事にしたわけですね」

「はい。開業資金は100万円です。開業や開店祝いなどのギフトに絞って始めたんですけど、集客ができず苦戦しています。販売方法は、自社のホームページでのネットがメインです。異業種交流会などにまめに参加することで、会社をPRしてギフト需要を掘り起こしてもいます」

「営業活動もやっているのですか？」

「今の課題は、ネットだけでは売り上げが思うように上がらないことと、受注生産では在庫を抱えないで済む半面、商品に満足してもらえない場合のクレームや返品をどうするかということです。それに、ホームページにもお金をかけてしまったし、宣伝もかねて最初に商品をある程度作ったのですが、売り上げには結びつかず、苦しい状況です。当初の資金は親に一部借金しましたが、売り上げが伸びないため、銀行からの借り入れを考えて相談に来ました」

粗利の高いプリザーブドフラワー

「私はプリザーブドフラワーをあまりよく知らないのですが、商品はどのようにして作っているのですか？　また、原材料はどのようにして仕入れているのですか？」

「プリザーブドフラワーの歴史はまだ新しく、１９９１年にフランスのヴェルモント社が開発に成功して、『長寿命の切り花製法』で特許を取得したことから始まります。作り方は、生花を脱色液に浸して脱色。その後、着色、洗浄、乾燥させて完成させた材料を使って作ります。材料は自分でも作れるのですが、出来上がるまでに時間と手間がかかるので、私は専門の卸問屋から材料を仕入れています。材料メーカーはエクアドルやコロンビアにあり、そこで大量に生産しています」

「原材料のコストを抑えているということですね」

「はい。自分で作っていてはかえってコストがかかってしまうので、大手の卸問屋から仕入れて、デザインは自分で考えて作っています。生け花やフラワーアレンジメントで培ってきた知識や経験が非常に役立っています。また、卸問屋からは会員価格で安く仕入れることができますし、価格は割高にはなりますが少量から仕入れることができるので、注文があってから材料を仕入れてから作っても間に合います。販売価格は、原材料の価格をベースにしてある程度設定できますし、粗利も割と高いビジネスです。受注生産なら在庫も持つ必要がないし、保存もある程度できるのでリスクが小さく、このビジネスを続けていきたいと思っています」

「なるほど。このビジネスは、粗利もある程度高いし、受注生産であれば商品の在庫を持つ必要もないのですね。原材料の仕入れルートもあるし、また少量から仕入れることができるので、材料の在庫を持つリスクも低い。上田さんは、生け花やフラワーアレンジメントの技術や経験もあるし、それがプリザーブドフラワーを作る時のデザインに活かされているというわけですね」

銀行から融資を受けたい！

「今回のご相談は、資金的に苦しくなったから銀行から融資を受けたいということですが」

「はい。私は銀行から融資を受けたことがないので、どうしたらいいかわかりません。どんな資料を用意して、どんなことをすればいいかもわからないんです」

「資金的に苦しくなったので事業を続けるために銀行から融資を受けたいというお気持ちはわかりますが、注意が必要です。お金を借りれば当然ですが返さなければなりません。返すには利益を出さなければなりません。利益とは、粗利から家賃や人件費などの経費を支払った後に残ったものです。ですが、ここが落とし穴ですが、利益が出れば税金を払う必要が出てきます。返済のお金は、税金を支払った後の利益から出さなければなりません。つまり、一度お金を借

売上高		1,500,000
	仕入れ	800,000
	在庫	0
売上原価		800,000
粗利（売上総利益）		700,000
	人件費	200,000
	家賃	100,000
	その他経費	100,000
利益		300,000
	税金	120,000
税引き後利益		180,000

りたら利益を出し続けるしかない、ということです。利益が出ないのにお金を借りれば、どうなるかわかりますか？」

「返せなくなります。ということは、利益を出し続けなければならないのですか？」

「上の図を見てください。売り上げから売上原価を引いたものが粗利（売上総利益）です。その粗利から、人件費や家賃などを引いた後の儲けが利益です。その利益から税金などを引いた後に残ったお金が最終的な儲けになります。税金を約40％とすると、この場合は18万円が税引き後の利益になります。大ざっぱに言えば、もし借金をして月々の返済額が18万円を超えると、やがて資金繰りに行き詰まって返済ができなくなってしまうことがわかりますか？」

「そうなると会社はどうなるんですか？」

「会社は、資金繰りに行き詰まり、お金がなくなった時に倒産します。それは、お金の負のスパイラルに陥ってしまうからです」

脱出が難しいお金の負のスパイラル

負のスパイラルとは、売り上げが減って、利益が出ず、赤字が続き、やがて資金繰りに行き詰まることです。一度このスパイラルに陥るとなかなか出ることができません。負のスパイラルはとても怖いのです。安易な借金は、自分の首を絞めることになるので、慎重な対応が必要です。負のスパイラルを図で説明すると次のようになります。会社が倒産するまでのプロセスはだいたい次のようなケースが多いのです。

10．の「銀行にリスケを依頼」のリスケとは、リスケジュールのことです。

リスケジュールとは、毎月の返済が難しくなった時に、銀行にお願いして、返済額を少なくしてもらったり、返済をある一定期間延ばしてしてもらったりすることです。

リスケジュールができれば、その間はたとえば、利息だけ支払って元金の返済を待ってもらうことができるので、資金繰りは一時的には楽になります。しかし、これは単なる応急処置なので、この間に事業を立て直して利益が出るようにしなくてはなりません。

リスケジュールのデメリットとしては、リスケの期間中に銀行から新たな融資を受けることができなくなることです。最後のチャンスをもらったと思って、経営の改善に取り組まなければなりません。

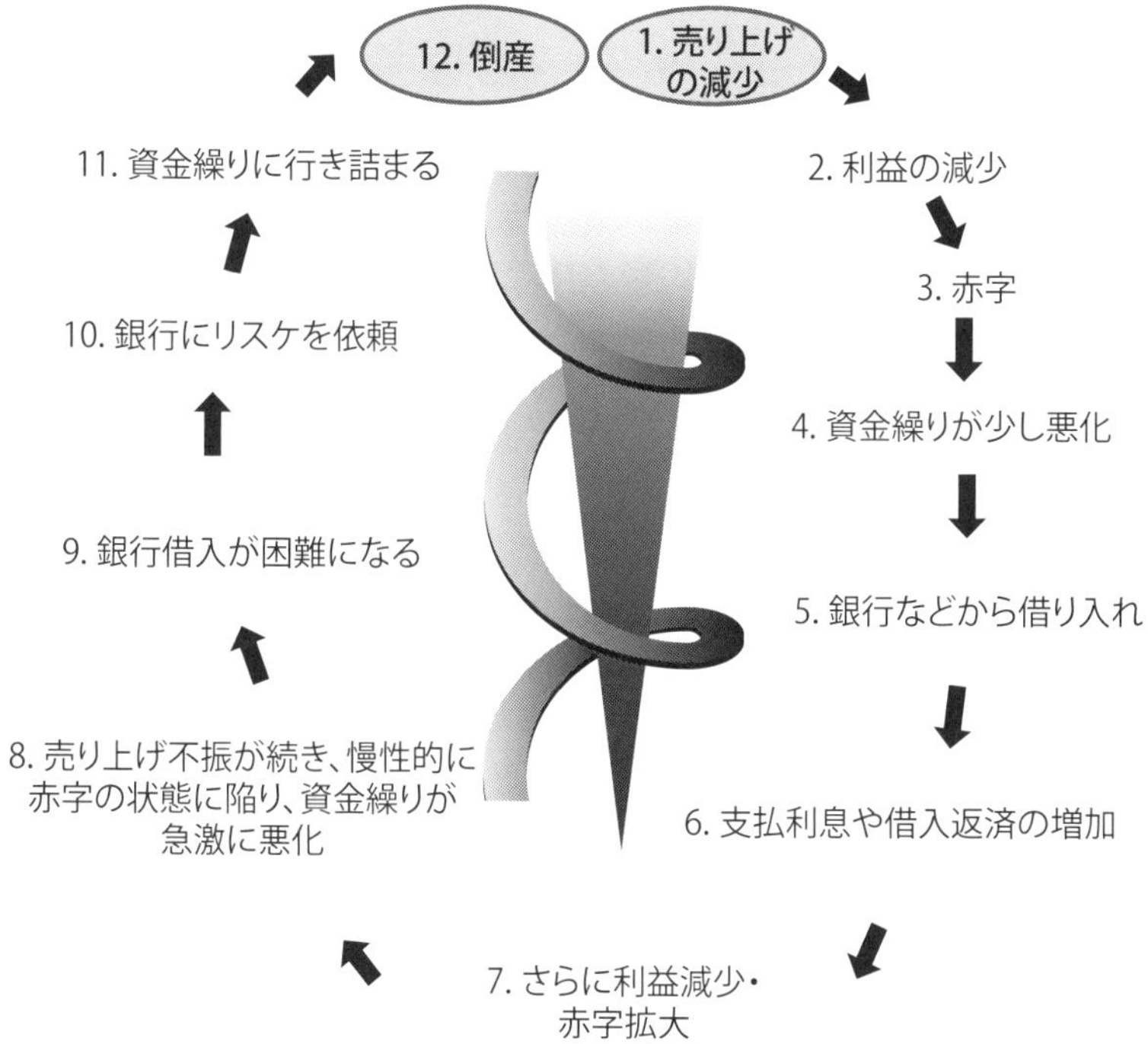
12. 倒産
1. 売り上げの減少
2. 利益の減少
3. 赤字
4. 資金繰りが少し悪化
5. 銀行などから借り入れ
6. 支払利息や借入返済の増加
7. さらに利益減少・赤字拡大
8. 売り上げ不振が続き、慢性的に赤字の状態に陥り、資金繰りが急激に悪化
9. 銀行借入が困難になる
10. 銀行にリスケを依頼
11. 資金繰りに行き詰まる

お金の負のスパイラルに陥らない方法はただ一つしかありません。

それは、利益を上げることです。

利益を上げるためには、売り上げを増やし、費用を削減するしかありません。そのためには、できるだけ在庫を持たないことと、売上代金はできるだけ早く回収することです。

売り上げの機会ロス

「上田さんが、これまで生け花やフラワーアレンジメントの勉強をしてきてその経験と知識を活かせること、さらにプリザーブドフラワーの教室にも通い技術を習得したこと、何よりもその仕事が好きだということで、このビジネスを選んだことはとても良いことだと思います。しかも、卸問屋から原材料を安く仕入れられるのも大きなメリットですね。また、受注生産なので、在庫を持つリスクを無くしたことは大きなポイントです。

でも、受注生産は納品までにある程度時間がかかるので、お客さんがすぐ欲しい場合には売り上げの機会を逃してしまいます。これを『機会ロス』と言います。機会ロスとは、もし商品があれば、その時にすぐ売れたはずの売り逃しから生まれる損失のことです。

受注生産では、原材料の在庫を持つ必要がありませんが、材料を少量で仕入れるためにどうしても割高になり、販売価格が高くなります。そのため、ちょっとしたプレゼントには向かないので売れにくくなってしまいます。

銀行から融資を受けるにしても、今のままではとても返済していける見込みはありませんね。事業そのものをしっかりと見直さなければなりません。最大の課題は、ネット販売しか販路がなく、しかも、今はほとんど売れていないということです。販売のチャンネルを多くすることを考え、ビジネスの再構築をしなければなりません。最初に取り組むべきことは、顧客の数と買ってもらう回数を増やす方法を考えることです」

販売チャンネルを増やせ！

「上田さん、売上アップの公式を知っていますか？　それは、

売り上げ＝客数×単価＝①客数（新しいお客さま＋前からのお客さま）×②買ってくれる回数×③買ってくれる品数×④単価

です。当たり前ですよね。でも、よく聞いてください。売り上げを伸ばすには、新しいお客さまを増やすこと。新しいお客さまが何回も購入してくれるリピート客になること。そして買う商品点数を増やしてくれればいいことになります。

まとめると、次のようになります。

1. 新しいお客さまを増やす

2. 新しいお客さまをリピーター（固定客）にする

3. 新しいお客さまとリピーター（固定客）に、より多くの商品を買ってもらう

4. そして、単価を上げること

上田さんの課題は、販売が自社のホームページだけということです。まずは販売のチャンネルを増やすことを考えてみましょう。プリザーブドフラワーを核にして、複数の事業の柱を作り、売る仕組み作りをすることです」

事業計画書の６つのポイント

「まずは、事業計画書を作ってみましょう。事業計画書を作るには、次の６つのポイントを考えます。

1. 何のために事業を始めるのか（起業の動機・目的）

2. 自分は何ができるのか（経験・資格・人脈など）

3. 事業内容（誰に、何を、どのような強みで、どうやって、売るのか）

4. マーケットとライバル（市場調査と競合）

5. 基本戦略（経営プラン：販売、仕入れ、設備、人員、課題・リスク）

6．利益と資金のプラン（資金計画）

上田さんの場合は、１と２ははっきりしているので問題はありませんね。では、３の事業の大枠を作り、５の基本戦略を考えていきましょう。仕入れルートがはっきりしているので、そこに４と６のライバル対策や自社の強みを活かして利益をどうやって出していくかです」

「上田さん、販売チャンネルを多くしなければいけないのですが、何か他にしたいことはないですか？」

「生け花やフラワーアレンジメントで教える資格を持っていますし、教えてきた経験があります。それにプリザーブドフラワーでも教える資格を持っています。これを活かして教室を開けないでしょうか」

「なるほど、教室ですか。それはいいですね。場所は、必要な時にレンタルすれば、毎月一定の家賃を支払う必要もないですからいいですね。生徒さんをどうやって集めるかという課題はありますが、百貨店などで展示販売会ができれば、生徒さんの発表の場を作れます。自分が作った作品を発表できる場があればモチベーションが上がりますから、生徒さんも集めやすくなると思います。これで計画を一度作ってみてください」

「はい。ありがとうございます」

「それから、プリザーブドフラワーは、長期間の保存ができるのが最大のメリットですが、逆に言うと、次に買ってもらえるチャンスが生花のようには多くありません。毎年、母の日やクリスマスプレゼントでもらっても、捨てるに捨てられず、どんどん増えていってしまいますからね。買ってもらうチャンスを増やすには、下取りセールのようなことを考えたほうがいいと思います」

「確かにそれが悩みです」

「販売の対象を法人に広げていったらどうでしょう。たとえば、法人向けに、季節ごとに商品をレンタルするのです。レンタル事業は、顧客数を増やすことができるし、リピート数も増やすことができますし、買い替えの需要を掘り起こすこともできます。営業やマーケティング力が必要ですが、クリニックや美容院など、まだまだ大きな需要が見込めると思います」

「観葉植物のレンタルみたいに考えればいいのでしょうか？」

「その通りです。新商品の開発も考えてみたらどうでしょう。プリザーブドフラワーは、開業・開店祝いなどのギフト商品としては、生花に比べるとボリューム感に欠けるし、小さいサイズの割には高いし、見栄えが悪いといった欠点があります。顧客数を増やすためには、この欠点をなくすことを考えてみましょう。たとえば、生花とプリザーブドフラワーを組み合わせてボリューム感を出す。生花が枯れてもプリザーブドフラワーは残るので、差別化商品としての提案ができます。花瓶の部分にＬＥＤライトを組み込んで、デスク上に置いて何かあったらすぐ防災グッズとして使えるようにするなど、他社が持っていないオリジナルの商品を考えるのです。葬儀関連商品としての需要もあると思いますよ」

プリザーブドフラワーで3つの事業を展開

「では、プリザーブドフラワーを核にして、３つの事業を進めればいいということですね。１は、これまでのネット販売と新商品の企画・開発。２は、教室の運営。３は法人・個人事業主向けレンタル事業、ですね」

「そうです、この３つを行うための計画を徹底的に考えて作ってみてください。何度も書き直してみることが大事です。全部はすぐに事業化はできないかもしれませんが、すぐできそうなものから始めてみましょう。順序も大事ですよ。使えるお金は限られていますから。そして、最終的には実行に必要な資金的な裏付けが必要ですから、資金計画を作りましょう。そこまでやってから、銀行からの融資を考えてみてはどうですか。

それから、事業計画書は作っても実行しないと意味がないですよ。計画通りにはいかないことが多いのは当たり前なんです。大事なのは、なぜうまくいかないのかの原因を考えて、その時々に修正することなのです。ビジネスをしている間に、最初の計画とはまったく変わってしまったというのは、よくあることです。最初の計画にこだわらず臨機応変に対応していってください。**鍵は、どうやって売る仕組みを作るか、そして、それをどうすれば実現できるか**なんです」

半年後、教室運営がヒット！

「先生、いろいろとご相談に乗っていただいてありがとうございました。あれから先生のアドバイスをもとにして事業計画書を何度も作り直しました。両親にも事業計画書を見てもらい、これが最後だと資金を少し援助してもらうことができました。事業計画書ってすごい力があるんですね。プリザーブドフラワーを核にして3つの事業展開をすることで、販売チャンネルが増えて売り上げも増えてきました」

「ほう、どんなチャンネルですか？」

「教室です。教室が忙しくなってきたんです。自分でも驚いたんですが、教えることってなんか楽しいんです。私にこんなことができるなんてって、最初は不思議な気持ちでしたけど、やっているうちにどんどん夢中になってしまうんです。これが、自分で起業するっていう面白さなんですね。雇われて先生をしていた時とは何か違います」

「女性は好きなことをする時に、男性とは違うパワーが出ますからね」

「はい。そうかもしれません。それに、いろいろなツテを頼って営業したかいがあって、ある百貨店と契約ができたんです。まだ母の日とクリスマスの限定期間だけなのですが、作品の展示販売会ができるようになりました。おかげで、生徒さんを集めやすくなったんです。やはり発表の場があるだけで違いますすね。作品が売れればやりがいが出てきますもの。生徒さんの作品が私より売れたらどうしようって少し心配ですが、今はその展示会に向けて作っています」

「実際の売り上げはどうですか？」

「教室で教える内容や料金設定などは、初めはすごく大変でしたが、やっていくうちにだんだんとコツがわかってきました。生徒さんのためにも、今後もっと発表ができる場を増やしていきたいと思っています。百貨店に限らず、地元のカフェやパン屋さんなどに置いてもらうことも考えています」

「人はモチベーションが大事ですからね。レンタル事業はどうですか？」

レンタル事業と新商品の開発

「レンタル事業も少しずつですが、始めることができました。私には営業の経験なんてまったくなかったので、最初は経験者の話を聞いたり、本を読んだり、そのつどインターネットで調べたりと手探りの状態が続きました。営業の電話をかけるのも恥ずかしかったのですが、実際動き出してみると、話を聞いてくれる会社が結構多かったんです。プリザーブドフラワーのメリットを説明しながら、いろいろなニーズに応じた提案を心がけたことがよかったみたいです。プリザーブドフラワーのよさをわかってもらいたいという熱意が相手に伝わったのかもしれません。案ずるより産むが易しですね」

「そうです。行動することが大事なのです」

「知り合いの美容院やネイルサロンにも置いてもらえるようになりました。受付の卓上花やトイレの飾り用など、生花と違って手間があまりかからないと評判も上々です。今後はパーティや結婚式で使うテーブル飾花などにも広げていけたらと、夢はどんどん広がっていくんです」

「もうひとつの課題の新製品はどうなっていますか？」

「はい。商品化には時間とお金がかかるので、今は教室の運営とレンタル事業の拡大に集中しています。そして新商品の企画が決まったら、銀行からの融資を考えていきたいと思っています。先生、その時はまた相談に乗ってくださいね。今ようやく事業が動いてきて、毎日がとても充実しているんです。こんなに仕事が楽しいなんて、悩んでいるよりまずは考えること、そして行動することなんですね」

第5章のポイント

1. 借金は利益からしか返せない

お金の負のスパイラルを理解する
お金を借りたら利益を出さないと、やがて資金繰りに行き詰まってしまう

2. 事業計画書を通して売る仕組みを作る

誰に、何を、どのような強みで、どうやって、売るのか、を考える
鍵は、それをどうすれば実現できるのか

事業計画書作成のポイント
①何のために事業を始めるのか（起業の動機・目的）
②自分は何ができるのか（経験・資格・人脈など）
③事業内容（誰に、何を、どのような強みで、どうやって、売るのか）
④マーケットとライバル（市場調査と競合）
⑤基本戦略（経営プラン：販売、仕入れ、設備、人員、課題・リスク）
⑥利益と資金のプラン（資金計画）

第6章　レトロカフェ起業で売り上げ順調なのに「なぜかお金が足りない!?」

飲食業というビジネス

女性に人気の仕事のひとつにレトロカフェ経営（飲食業）がありますが、この章では、榎本紀子さんのケースを紹介します。

飲食業は、物販業とサービス業の両者を合わせたようなビジネスです。食材などの在庫を持ち、料理という商品を販売するという点では物販業の要素も持ちますが、接客や給仕というサービスを提供しますので、サービス業とも言えます。

飲食業の大きな特徴は、次の４つになります。

①現金商売である

②内装や設備にお金がかかりがち

③料理の原材料、人件費、家賃の３つの負担が大きくなりがち

④売り上げは店舗の大きさ（客席数）と回転数に左右されやすい

この４つのポイントを頭に入れながら、榎本さんのケースを見てみましょう。

失恋、パワハラを経ての３００万円起業

・26歳、独身、喫茶店を営む両親の一人娘
・開業資金：３００万円
・使用明細：お店の内装や家具などの改装費用

榎本さんとは、定期的に開かれるある交流会で知り合い、相談を受け、顧問契約を結ぶことになりました。


「榎本さん、今日はどうされましたか？」

「はい、両親の経営する喫茶店のことでご相談したいことがあります」

「わかりました。詳しく話してください」

「私は、ファッションの専門学校を卒業した後、あるアパレル関係の会社に就職して、店舗販売を担当した後、バイヤーや商品開発に携わったりしていました。仕事は忙しかったですが、面白く、入社して数年は私も夢中で仕事に取り組みました。数年して仕事にも慣れたころ、結婚するはずだった人と破局したんです」

「そんなことがあったんですか。それはとてもつらい出来事でしたね」

「はい。それだけならまだ耐えられたかもしれなかったんですが、失恋のショックで仕事に集中できなくて、ミスが多くなったんです。そしたら、前からあまり相性がよくなかった女性上

司から、パワハラじゃないかという仕打ちを受けて、精神的にも耐えられなくなってしまったんです。それで、心療内科にも通って治療を受けたんですが、全然よくならなかったんです」

「うーん。もう少しよく話し合えなかったんですか？」

「とてもそんな感じではなくて。それで、耐えられなくなって会社を辞めて、1年ほど前に両親が経営する喫茶店を手伝い始めました」

「それでご両親のお店で働くことになったんですね」

「はい。両親は30年ほど前に脱サラして、自宅の1階を改装して喫茶店を始めました。私が物心ついた時には、すでにお店をしていたので、そんな環境には慣れていました。高校や専門学校の時にはアルバイトとして働いていましたし、接客もして料理も時には作っていました。なので、喫茶店で働くことには抵抗感はありませんでした。おいしいコーヒーの淹れ方を勉強したり、メニューを考えて料理を作ったり、忙しい毎日を送って嫌な思い出も忘れかけていたんですが……」

「え、また何かあったんですか？」

父が交通事故で大けが

「半年ほど前に父が交通事故に遭って大けがをしてしまったんです。幸い命には別条がなくて、けがも治ったんですが、事故の後遺症で右手と右足に麻痺が残り、父が喫茶店を続けることができなくなってしまって。母は、私と喫茶店を続けていきたいと言っています。銀行からの融資もまだ残っていますし、引き継ぐと言っても、その手続きとかをどうやっていいかもわからないので先生にご相談に来ました」

「それで個人事業の引き継ぎのご相談をしたいということなんですね」

「はい。そして2つ目はなぜかお金が足りなくなるんです。父が事故に遭って以来、売り上げが大きく落ち込んでしまって、それで何とかしなければと思い、高校時代の友人が農家と直接契約して厳選した有機野菜を販売していることを知り、その有機野菜を仕入れて、季節の野菜を使ったカレーや、オムレツを使った野菜サンドイッチ、それに日替わりランチや、温野菜のサラダ、20種類ほどの野菜を使ったサラダをランチに提供し始めました。これがＯＬや健康を気にするサラリーマンに結構好評で、おかげで売り上げは少しずつ増えてきているんですが、なぜかお金が足りない時があるんです。どうしてもその原因がよくわからず、先生にご相談したくて」

「事情は大体わかりました。今度お店にお伺いしますので、お店の帳簿や決算書を見せてください」

お店を続けたいんです！

「このお店は、いい場所にあるんですね。駅にもオフィス街にも近い商店街にあるので、地元のお客さんや、ランチタイムには若いサラリーマンやＯＬのお客さんも多そうですね。広さはどれくらいあるんですか？」

「お店の広さは20坪ほどで、30席あります。朝は8時前にお店を開けているので通勤のお客さんや地元の方が利用してくれます。ランチタイムは、若いサラリーマンやＯＬも多く来てくれます。ランチタイムの後は比較的空いていますが、夜は20時までお店を開けており、仕事帰りのサラリーマンが利用してくれています」

「問題は銀行からの借り入れですね。お店をやめれば借入金の返済をどうしていくかという問題に直面しますから」

「いざとなれば両親名義の自宅を処分すれば借金は返せますが、やはり抵抗があります」

「お店の立地はいいし、何と言っても自宅なので家賃がかかりません。これが最大のメリットですね」

「でも、借金を返済していけるかもわかりませんし、引き継ぐにしてもどんなことをすればいいかもわかりません。ただ、お店を手伝ってみて、料理を作ることやメニューを考えることが楽しいということがわかってきました。私がやらなきゃ、という気持ちが強いんです」

「榎本さん、要するにお店の経営には少し不安はあるけど、続けていきたいという気持ちのほうが強いのですね。最初から経営者という人は誰もいませんよ。皆、社長業なんて初めての経験からスタートします。そして試行錯誤して経験を積んでいくものなんです。それよりもやっていきたいという気持ちのほうが大事です。それでは、最初に個人事業主が子に事業を引き継ぐ時の注意点を説明しましょう」

個人事業の承継に必要な手続き

「個人事業を引き継ぐ時は、その個人が所得税、消費税などの税金を支払わなければなりません。お父さんが榎本さんに事業を譲った場合、それぞれ別々に税金を支払う必要が出てきます。つまり、事業を譲る前の分の税金はお父さんが、引き継いでからの分については、榎本さんが税金を支払わなければなりません。

お父さんは、事業の『廃業』にともなう手続きが必要となり、榎本さんは『開業』のための手続きをしなければならないのです。

個人事業を引き継ぐには、親子の場合は、事業を譲り渡す人（父）が事業を譲り受ける人（子）に、事業を贈与する場合がほとんどです。そしてその場合は、贈与税の問題が出てきますが、一般的には次の方法で事業を引き継ぎます。

①不動産以外の事業用資産（事業用預貯金、売掛金、商品など〈在庫〉、什器・備品、車両、お店の内装などにかかった費用）

②事業用の負債（買掛金、未払金、預り金、借入金など）

この①と②を無償で引き継いで、①－②もしくは、②－①の差額が、１１０万円以下であれば、贈与税は課税されません。

また、事業用の土地・建物は、売買したり贈与したりすると、一般的には税務上不利になる場合が多いので、旧事業主（お父さん）の所有のままとして、旧事業主と事業を引き継ぐ人（榎本さん）との間で、地代家賃は発生しないという契約を結ぶほうがいいですね。

事業を引き継ぐタイミングは、12月31日がいいでしょう。これは所得税の課税期間が1月1日から12月31日になっているためです。年の途中に引き継ぐ場合は、引き継ぐ日において決算をする必要があります」

会社設立で事業を引き継ぐ方法

「事業を引き継ぐもう一つの方法としては、会社を設立することを検討してもいいでしょう。まず会社を設立して、お父さんが社長に就任します。その後適切な時期に社長を榎本さんと交代するケースです。

会社を設立する大きなメリットは、節税がしやすくなることと、相続対策がしやすくなることがあげられます。

たとえば、建物を会社の持ち物にすれば、2階の自宅部分は、社宅や会社の事務所として使うことができます。水道光熱費なども全額ではありませんが会社の経費で落とせますし、建物部分の固定資産税も経費になります。また、会社は、自社の建物なので家賃を払う必要がありません。土地の部分は今まで通りお父さんの名義のままでいいのです。

いずれ適切な時期に社長を交代すれば簡単な手続きで経営者の交代ができます。相続においても、会社であれば株式を相続するだけで足ります」

お金が足りない！

「先生、引き継いだ後のお店の経営が心配なんです」

「誰でも最初は未経験ですよ。経営は試行錯誤の連続です。答えなんてありません。知識はいくらでも後から勉強することができますよ。肝心なことは、行動することです。**経営の基本は、事業のモデル（仕組み）をしっかりと作ること、そして、売り上げを伸ばして利益を出すことと資金繰りです。**これらのことをしっかりやっていれば大丈夫です。後は試行錯誤しながら問題が見つかったら、そのつど修正していけばいいんです。とにかく行動することが大事。途中であきらめたらそれで終わりです」

「ありがとうございます。そう言われて少し安心しました。でも、この半年ほど実際に喫茶店の経営に携わってみて、売り上げが伸びてきているのに、お金が足りない時があるんです。何でなんだろうと考えてもその原因がよくわからないんです」

「経理はどのようにやっているんですか？」

「売上金は、レジに必要なお金を除いて手元の金庫に入れておいて、１週間に一度程度、銀行に入金しています。母親が請求書や経費の領収書を整理して、必要なたびに支払いをしています」

「売上金や経費の支払いは毎日帳簿に記入しているんですか？」

「いいえ、売上金は毎日集計してメモしているんですけど、時間がなかなかなくて経費の支払いなどは半年に一度ほど整理しています」

「榎本さん、それではお店の資金繰りがどうなっているのか、利益が出ているのかどうかわかるはずないですよね。利益が出ていても、そこから借入金の返済をしなければなりません。借入金の返済は利益の中からしかできません」

「あ、そうなんですね。でも、利益が40万円あれば、借入金の返済が12万円なので、28万円は残りますよね。そこから生活費の20万円を引いても8万円は残ると思うのですが、お金が足りない時があるんです」

「税金を忘れていませんか。所得税、個人事業税、住民税、固定資産税や消費税の支払いです。それに国民年金や国民健康保険料も支払う必要があります。特に消費税は、月々の売り上げの中に入ってしまっているので、ついつい運転資金として使ってしまいます。でもそれは一時的に預かっているだけなので、本来は使ってはいけないお金です。その支払いが決算後にくるのでその時お金がなくてあわててしまうことがよくあります。実際に国税庁が発表している税金の滞納残高を見ても消費税の滞納が一番多いのです」

「確かに税金の支払いがきて驚くことはあるんですが、それ以外にもお金が足りないことがあるのはなぜなんでしょう」

「それでは、まず試算表を作ってみましょう」

月の売り上げの変動が大きい

「お金が足りなくなることの原因は、売り上げが月によって変動することのようです。売り上げが多い月は、仕入れなども当然多くなります。ただ食材などの仕入れの支払いは翌月や翌々月です。売り上げが多い月は売上金も多く入ってきますのでお金があると思って、これまで支払っていなかったものをまとめて支払ったり、つい無駄遣いをしてしまったりしていますね」

「え、そうなんですか？」

「ここを見てください。売り上げが大きい時は事業主に支払っている金額が大きくなっています。そして、翌月や翌々月になって売り上げが落ち込んだ時に、売り上げが大きかった時の食材の支払いやその他の経費の支払いがきて、とたんにお金が足りなくなってしまうという状況になっているのです。それに、借入金の返済日が月末になっています。月末が土曜日か日曜日だと引き落としは翌月になります。見落としがちですが、そうなると翌月は２カ月分の引き落としがあるので、お金が足りなくなるんですよ」

「そういうことだったんですね。月の売り上げの変動が大きいと、収入と支出のズレが起きてお金が足りなくなるということですね」

「その通りです。個人事業主の場合は、事業のお金と個人のお金を混同しやすくなるので、ちゃんと収入と支出の管理をしないと大変なことになりますよ。特に飲食業は、現金商売で毎日現金が入ってくるので、ついついお金があると錯覚しがちなんです。その結果、どんぶり勘定になって気付いた時には手遅れになってしまっているケースが多いんですよ」

「この表（１２４ページ）を見てください。売り上げが少ない２月は２６０万円で、多い１月

2月

売上高		2,600,000	構成比
	仕入れ	1,092,000	
	在庫	−50,000	
売上原価		1,042,000	40%
粗利（売上総利益）		1,558,000	
	人件費	500,000	19%
	家賃	0	0%
	その他経費	800,000	
利益		258,000	

1月

売上高		3,000,000	構成比
	仕入れ	1,260,000	
	在庫	−50,000	
売上原価		1,210,000	40%
粗利（売上総利益）		1,790,000	
	人件費	500,000	17%
	家賃	0	0%
	その他経費	800,000	
利益		490,000	

は300万円と40万円の差がありますね。ただお金の支払いでみると、売り上げの多かった1月の仕入れ代金を2月に支払いますし、借入金の返済が月12万円ありますから、売り上げが260万円だと資金的には厳しくなります。ですから、お金の管理をきちんとするために、現金商売では毎日、収入と支出を記録しておかなければなりません」

「え〜〜、大変そう」

「そんなことはありません。ポイントは、預金通帳をうまく利用することです。レジにあるお金を、たとえば1日5万円と決めて、毎日営業が終わったら、その5万円以外のお金をすべて銀行に入金します。仕入れや消耗品などを購入した場合、現金での支払いは最小限にして、支払いはすべて通帳から振り込みにすればいいのです。そうすれば、通帳に支払先などの記録が残りますので後で見た場合、どこにいくら支払ったかすぐわかります」

飲食店のお金の管理方法

その日の売上金は、翌日の釣り銭分を残して、すべて銀行に入金します。給与や家賃、仕入れなどの支払いは、すべて通帳から振り込みとします。そうすれば通帳を見れば現時点のお金の残高が一目でわかります。現金で仕入れや消耗品を支払った場合は、必ず領収書やレシートをもらって、その金額と内容がわかるようにしておきます。

毎日レジに残るお金を、たとえば5万円とします。その日の売上金が7万円で、仕入れや消耗品を5600円支払って、翌日のレジ金の5万円をレジに残した場合の銀行への入金額は次のようになります。

当日のレジ金 50,000 ＋ 売り上げ 70,000 − 仕入れ・消耗品等 5,600 − 翌日のレジ金 50,000 ＝ 通帳入金額 64,400

つまり、売上金からその日に現金で支払った仕入れや消耗品の金額を差し引いた金額を銀行に入金すればいいのです。ポイントは、現金での支払いは極力避けて、仕入れや給与などの支払いはすべて通帳からの振り込みとすることです。

まとめると次の５つになります。

①レジには毎日定額の釣り銭だけ残す
②仕入れや消耗品などの現金での支払いは最小限にして、領収書やレシートを保管する
③１日の現金売上は、その日に支払った経費を除いた金額を銀行口座に入金する
④ノートを１冊用意して、毎日の入金額の明細を書く。あるいはパソコンで入力する
⑤仕入れや給与などの経費の支払いは通帳から振り込む

こうしておけば、通帳を見れば現時点でのお金の残高が一目でわかるようになります。

榎本さんのお店の強み

「飲食業は、原材料、人件費、家賃の費用が大きな部分を占めます。したがって、利益は、「原価（Food）」「人件費（Labour）」「家賃（Rental）」の３つに大きく影響されます。これらの頭文字をとって、「**FLRコスト**」と呼んでいます。

榎本さんのお店では、原材料の仕入れ（原価）が売り上げの40％で、人件費が20％ほどです。食材の原価が40％と高めですが、家賃がないので利益が出やすくなっています。これは大きなメリットなので、この強みをぜひ活かしましょう。農家との契約による有機野菜の原価は高めになりますが、差別化するにはいいポイントなので、これを看板商品にしていけます」

「家賃がかからないことは大きなメリットなんですね。それに食材の原価がこんなに高かったなんて知りませんでした。でも、先生の説明を聞いて、何だかお店の経営もやっていけそうな気がしてきました」

「それはぜひやってみてください。まずは、お店のコンセプトをしっかりと決めて、誰に、何を、いくらで提供し、どのようにやっていくかを決めていきましょう」

「先生、ありがとうございます。先生にもご相談させていただいてやっていきたいと思いますのでよろしくお願いします」

半年後のリニューアル開店

「榎本さん、リニューアル開店おめでとうございます」

「先生、その節はいろいろとご相談にのっていただきありがとうございました。お店も、会社として法人にできました。私も300万円を出資して、そのお金でお店を改装しました。建物が築30年以上なので、お店の内装も古さを逆に強調して、レトロカフェとして落ち着いた、くつろげる雰囲気を出しました」

「お店のコンセプトがしっかりしていていいですね。それでメニューはどんな感じですか？」

「はい、家賃がかからない強みを活かして、食材にはかなりこだわりました。おいしいコーヒーと料理を提供します。コーヒーは豆の持つ甘さと香りや味わいを最大限に引き出すことができるように日々焙煎しています」

「へー、手間がかかっているんですね。料理はどうですか？」

「料理は、農家直送の有機野菜をメインに、旬の野菜をいかに活かすかを考えています。旬の野菜を使った野菜カレー、10種類以上の野菜を使った野菜デリ、20種類の野菜を使った野菜サラダ、野菜の水分だけでじっくり煮込んだ具だくさんスープなどを手間暇かけて作っています。季節野菜を使ったオムレツサンドイッチも人気なんですよ。また料理に使う塩・コショウなどの調味料も天然のものにこだわっています」

「野菜だけでなく、調味料にもこだわっているんですね。野菜中心のメニューがいろいろあって、健康的でおいしそうですね」

「メニューは開店前から試行錯誤して作ってきました。あれから先生のご指摘どおりに、時間帯ごとのお客さんの人数や天気の影響をデータを取って分析したんです。雨の日は主婦のお客さんが少ないとか、午前、午後、夕方と時間帯や曜日によってもお客さんの数に変動があって、時間帯ごとでどんなメニューが人気なのかもわかってきました」

「やはりデータを取って分析して、いろいろ試してみることが大事ですね」

「料理も野菜を中心にして日替わりで試してみたんですよ。やりだすと毎日いろんな発見があってとても楽しいですね。テイクアウトの日替わりのお弁当も人気なんです。ここはオフィスも近くに多いので、近隣にある企業の従業員数などを調べて需要があることがわかったんです。最初は、20～30食程度だったんですが、少しずつ増え始めています」

「榎本さん、もうすっかり経営者ですね。その調子で頑張ってください」

「先生、ありがとうございました。最初は不安も大きかったんですが、やっていくうちに少しずつ自信もついてきました。やはり行動が大事なんですね。まだ、経営者としてもやっと一歩を踏み出したばかりなんですが、これからもっといろいろなことにチャレンジして頑張っていきたいと思います。これからもよろしくお願いします」

飲食業の４つの特徴

ここまで、レトロカフェ（飲食業）で起業した榎本紀子さんのケースを見てきました。最初に少し触れましたが、飲食業の４つの特徴について少し詳しく説明します。

①現金商売である
②内装や設備（初期投資）にお金がかかりがち
③料理の原材料、人件費、家賃の3大コストが大きくなりがち
④売り上げは店舗の大きさ（客席数）と回転数に左右されやすい

①現金商売である

飲食業の大きな特徴の一つは、何と言っても現金商売にあります。現金商売とは、売り上げが現金で入ってくることを言います。もちろん最近はクレジットカードでの決済もありますので、入金は1カ月後ということもありますが、基本的には売上金はその場で回収します。

第4章で、少資金で起業する場合に目指す理想的な事業モデルを説明しました。次の3つを満たす事業モデルです。

1. 売り上げは、前金で回収する
2. 仕入れなどの支払いはできるだけ後にする
3. 在庫が不要である

飲食店は、現金で売り上げをその場で回収するので、前金ではありませんがそれに近くなり

ます。また、仕入れなどの支払いは、現金でその場で支払うこともありますが、基本的には後払いです。食材などの在庫は持つ必要がありますが、それほど多く持つ必要がないので、まさに運転資金が不要な理想的なモデルに見えます。

その一方で飲食店の経営は厳しく、開業後３年以内に、７割から８割が閉店に追い込まれているという現実があります。飲食店間の競争が激しいこともありますが、持ち帰り弁当や惣菜店などいわゆる中食《なかしょく》の市場が拡大し、外食産業自体が縮小傾向にあるからとも言えるでしょう。また、売り上げが少なくてもお店の家賃や従業員の給与も支払う必要があります。

私は、飲食店が閉店に追い込まれる理由は、競争が激しいということはありますが、現金商売であるという最大のメリットがデメリットになるからではないかと思っています。それは、売り上げが現金で先に入ってくるので、資金繰りを気にする必要があまりないように勘違いし、ついついどんぶり勘定になってしまいがちだからです。売り上げは伸びているのにお金がないと思っていても、また、何となく売り上げが落ちたと思っていても、とりあえず手元にはお金があるので何とかなると思ってしまいます。深刻な事態になっているにもかかわらず、気付くのが遅れてしまうという状況に陥りやすいのです。

②内装や設備（初期投資）にお金がかかりがち

飲食店にかかる費用には２種類あります。一つは、開業するためにかかる店舗の内装費用、厨房や什器《じゅうき》・備品などの購入費用として最初に必要なお金（初期投資）です。もう一つが、開業後に継続してかかる費用で、料理の原材料費、人件費や家賃などです。ランニングコストとも言います。

たとえば、カフェを開業する場合、厨房の設備、店の内装や備品などに数百万円かかります。そのため、自己資金だけで開業できない場合は、銀行などから借り入れを行う必要があります。借り入れすれば当然返済しなければなりません。借り入れすると、その借金の元本と利息の返済に追われて、少しでも売り上げが下がるとそれらの返済ができなくなってしまうというリスクがあります。その意味では、理想的な事業モデルには、先に説明した3つのポイントに加えて、4つ目として、設備投資が不要ということを付け加えたほうがいいでしょう。

また、飲食店の経営を考えた場合、小規模でお金をかけずにしたほうがいいのか、ある程度お金をかけて、大規模にやったほうがいいのかという問題があります。

大きいお店は客席数も大きく、売り上げも大きくなります。売り上げが大きくなれば食材の仕入れでも有利でしょうし、販売促進費などもかけられます。

その反面、開業する時の内装費や什器・備品代も多くかかりますし、店舗の家賃も高くなります。人も多く必要ですので人件費がかかります。また、水道光熱費も多くかかります。来客がなくても空調は適温を保たなければなりません。

③料理の原材料、人件費、家賃の3大コストが大きくなりがち

飲食業の3番目の特徴として、料理の原材料費、人件費と家賃のランニングコスト負担が重

売上高		2,000,000	構成比
	仕入れ	800,000	
	在庫	0	
売上原価		800,000	40%
粗利（売上総利益）		1,200,000	
	人件費	400,000	20%
	家賃	200,000	10%
	その他経費	300,000	
利益		300,000	

40%（F）フード
20%（L）レイバー
10%（R）レンタル
70%

FLは、60%以内
FLRは、70%以内

いということがあります。

飲食業の利益は、これらの「原価（Food）」「人件費（Labour）」「家賃（Rental）」の3つに大きく影響されます。この3大コストの合計を売り上げの70％以内に抑えないと、利益を出すのが厳しくなります。また、原価と人件費の合計であるFLコストを60％以内に抑えるという指標もあります。もちろんこれはあくまで指標の一つなので、ただ単にこの数字を下げればいいと言っているわけではありません。むやみに原価を下げて味が悪くなってしまったり、人件費を削って働く人のモチベーションが下がったりしてしまってはかえって逆効果になり、売り上げが落ちてしまうことになりかねません。

④売り上げは店舗の大きさ（客席数）と回転数に左右されやすい

通常の場合、売り上げは、

売り上げ＝客数×平均客単価、で表せます。
しかし、飲食店は、売り上げが店舗の大きさ（客席数）とその回転数に影響されます。
この式を、回転数を入れた式に直すと次のようになります。

売り上げ＝客数×回転数×平均客単価

売り上げは、基本的に客数が多ければ多いほど大きくなります。当然ですね。ただし、飲食店では客席数に限りがありますので、満席になればそれ以上売り上げが伸びません。20席しかない小さい店舗と２００席ある大きな店舗を比べてみれば、客席が満席になった場合の売り上げの差は歴然としています。

つまり、売り上げは、客席数に左右されますが、もう一つ大事な点は、客席の回転数にも影響されるということです。客席の回転数とは、1席あたり1日（一定期間）に何人のお客さんが利用したかを示す指標です。客席数とは店にある座席の総数のことを言います。たとえば、客席数が20席のお店で、１日に１００人のお客さんが来店した場合の１日の回転数は次のようになります。

１００人÷20席＝５回転

この回転数が大きいほど売り上げが多くなります。極端な例ですが、20席でも１日に10回転すれば来客数は、20席×10回転＝２００人のお客さんが来店したことになります。２００席あるお店が１回転しかしなかったとすると、２００席×１回転＝２００人となり、来客数では同じになります。平均単価が同じなら、売上高も同じになります。

客席の稼働率

もう一つ重要な指標があります。それが、客席稼働率です。

お店の客席は、４人掛けのテーブルとか、２人掛けのテーブルや１人掛けの席などの組み合わせからなります。ただし、４人掛けのテーブルに１人で座っているとか、２～３人しかいないことがあります。つまり、お店のテーブルがすべて埋まっている場合でも、すべての「座席」が埋まっているとは限りません。つまり、座席のロスがあるのです。そこで、その座席のロスを把握する指標として、客席稼働率があります。

客席稼働率は次の式で表せます。

客席稼働率（%）＝満卓時の総客数÷総客席数

客席稼働率が低いということは、無駄な座席、つまりお金を生まない座席があるという状態を示します。

たとえば、4人掛けテーブル席だけが5つあるお店で、2人組のお客さんがそれぞれ5つのテーブルに座っているとします。その場合のお店の稼働率は50％になります。

満卓時の総客数（10人）÷総客席数（20席）×100＝50％

このように飲食業は、「客席数に限度がある」いう特徴があります。客席数の限度とは、限られた店舗スペースの中で確保できる卓（テーブル）数と席数には限界が生じるという意味です。したがって、飲食店は、回転数や稼働率を意識した経営が求められるのです。

第6章のポイント

1. 飲食店の4つの特徴を理解する

①現金商売である
②内装や設備にお金がかかりがち
③料理の原材料、人件費、家賃の3つの負担が大きくなりがち
④売り上げは店舗の大きさ（客席数）と回転数に左右されやすい

2. 個人事業の事業承継と法人設立での事業承継の違いを理解する

①個人事業の場合は、贈与税に注意する
②法人は、節税がしやすくなるのと相続対策がしやすくなる

3. 飲食店のお金の管理のポイント

①レジには毎日定額の釣り銭だけ残す
②仕入れや消耗品などの現金での支払いは最小限にして、領収書やレシートを保管する
③1日の現金売上は、その日に支払った経費を除いた金額を銀行口座に入金する
④ノートを1冊用意して、毎日の入金額の明細を書く。あるいはパソコンで入力する
⑤仕入れや給与などの経費の支払いは通帳から振り込む

第7章　国際イメージコンサルタントとして起業！
「業績アップで法人化したほうがいい？」

在庫を持たないサービス業

第6章までは、商品などの在庫を持って起業したケースを紹介してきました。第7章からは、サービス業で起業したケースを紹介します。

サービス業は、一般的には、**形がないこと**（目に見えない、はっきりとした形がないため、買う前に見たり試したりできない）と、**サービスの提供と同時になくなること**（買った後にモノが残らず、サービスの提供と同時に使われてなくなってしまう）といった特徴があります。たとえば、コンサートに行って歌や音楽を聴いたら、聴いたとたんになくなってしまいます。もちろんCDなどで後に聴くことはできますが、その場の臨場感は得られません。

また、サービス業は、**仕入れや在庫がないため運転資金がそれほどかかりません**。そのため、**少ないお金で起業できます**。極端に言えば、机と電話があればビジネスが始められるというメリットがあります。

しかし、そうかといって資金繰りをおろそかにしていいというわけではありません。起業するのにあまりお金がかからないため、余裕資金を準備せず起業して、思った以上に売り上げが伸びず、お金がなくなってあわててしまうことになります。

半年くらいは売り上げがないという前提で、半年分くらいの運転資金は用意することをおすすめします。たとえば、生活費と事業の経費が月30万円ほどかかるのであれば、30万円×6カ月＝180万円は、事業を始めるにあたって運転資金として準備しておきたいものです。
サービス業であって企業を存続させる基本は、事業モデルをしっかりと作り利益を出すこと
と、資金繰りです。これは、物販業でもサービス業でも同じです。

資金150万円で起業

次は、国際イメージコンサルタントというサービス業で起業した大西由希さんのケースを紹介しましょう。私の顧問先からの紹介で知り合いました。

- 47歳、既婚、子供2人
- 開業資金：150万円
- 使用明細：資格取得のための費用とホームページなどの作成費用（100万円）、交通費、通信費、レンタルオフィス代など（50万円）

「先生、こんにちは。今日は少しご相談があるんですが、よろしいでしょうか」

「はい、大丈夫です。どんなことでしょう？」

「私は、国際イメージコンサルタントとして起業しました。最初は個人事業で始めたんですが、そろそろ会社にしようかと思っているんです」

「個人事業から会社にしたいというご相談ですか。事業の売り上げも大きくなってきたんです

ね」

「はい、私一人でやってきたのですが、もう一人では回しきれなくなって人を雇いたいと思っているのです。やはりそれには会社にしたほうがいいと思って」

「なるほど、そういうご相談は多いです。個人事業主が会社にする理由の一つに、ある程度規模が大きな会社と契約する際に、会社でないと取引をしないと言われるケースがあげられるんですよ」

「そうなんですね。私もこれまでは個人をお客さまにしてきたんですが、今後は法人のお客さまを増やしていこうと思っているので、ちょうどいいタイミングかもしれませんね。でも、会社にするといろいろと面倒くさいこともあるって聞いて迷っているんです」

「わかりました。個人事業主から会社にするメリットとデメリットを説明しましょう。私は大西さんのことをまだよく知らないので、最初に、ご自身のことや起業した経緯を教えていただけませんか？」

20年勤務した大手百貨店を退職

「私は、現在47歳ですが、大学卒業後大手百貨店に入社して、まず婦人服の売り場で接客を担当しました。それから、イベントの企画や、婦人服の売り場の責任者として部長補佐などをしてきました。夫とは職場結婚して、今、高校生の長男と中学生の長女がいます。私の父親は公務員で、母親は専業主婦という家庭で育ちました。専業主婦である母親を見てきて、私は結婚しても仕事を続けていきたいと思っていたんです」

「それが独立までしたのはなぜなんですか？」

「職場では、割と順調に昇進もしていたんですが、とても忙しく、朝６時30分には家を出て夜11時に帰宅して、帰宅した後も、洗濯などの家事や子供の世話という生活に疑問を感じたんです。こんなにハードワークなら、組織の歯車として働くより、いっそのこと自分の経験してきたことで社会に貢献して一生懸命に働きたいと、20年近く勤めた百貨店を辞めて起業しました」

「起業する際、家族の反応はどうでしたか？」

「はい、両親や夫は大反対でした。でも、私の決意は固かったんです。今、起業しないと一生後悔すると思ったんです。それで、両親や夫には自分の事業計画を話して、３年で結果が出ないときはあきらめるからと説得しました。また、家族には絶対に迷惑はかけないと約束して起業を決行しました」

「随分思い切りましたね。でもそれくらいの決意を示さないと、夫や子供がいて起業するのは難しいことかもしれませんね。それで、どんな仕事をしようと思ったんですか。準備期間はどれくらいだったんでしょう」

「まずは、自分には何ができるかと考えたら、やはり百貨店の婦人服売り場で長く接客を担当してきた経験しかないと思ったんです。接客で部下の指導もしてきましたが、知識や勤務年数も同じなのに、人によってお客さまから話しかけられる回数が違う場合や、売り上げも人によって差があることに気付いたのです。それで、なぜなのだろうと答えを模索している中で、やはりまずは見かけや態度が大事なのではないかと気付いたんです。その人の姿勢や話しかけられやすさ、プロフェッショナルらしさによって、お客さまから話しかけられる回数や売り上げに差が出るのでは、という仮説にたどり着きました」

「へえ、そういうものなんですね。第一印象が大事だとはよく言いますが」

国際イメージコンサルタントという職業

「そんな時にイメージコンサルタントという資格があることを知って、これだと思いました。これなら自分の経験も活かせるし、職業として成り立つと思い、さっそくある先生について勉強を始め、資格を取得したんです」

「どんな仕事ですか？」

「イメージコンサルタントとは、簡単に言えば『第一印象をよくする』ためのコンサルティングを行うことです。『外見』『立ち居振る舞い』『表情や雰囲気』などを総合的にプロデュースすることで、相手に伝えたい印象に近づけることができます」

「そんな職業があるんですね」

「米国に認定機関がある国際イメージコンサルタントの資格を取得し、1年ほどの準備期間をおいて、まずは個人事業主として起業しました。『白色申告』と『青色申告』の違いもよくわかりませんでしたが、青色のほうがメリットが大きいと聞いて青色申告を選択して開業届を出したんです」

「なるほど、イメージコンサルタントは、ご自分の経験も活かせるし、接客などでは外見や接客態度が大事だという仮説も検証ができそうですね。独立にあたって、資金（お金）はどうしたんですか？」

白色申告と青色申告

ストーリーの途中ですが、先ほど大西さんとの会話の中に出てきた、個人事業で確定申告をする場合の「白色申告」と「青色申告」。このことについて少しお話ししておきます。この２つの主な違いは記帳の仕方とそれに伴う特典です。また、青色申告には２つあり、10万円と65万円の青色申告特別控除が受けられるものがあります。

青色申告特別控除とは、売り上げなどの収入から必要経費を引いた金額がその事業の所得金額となりますが、さらにそこから10万円か65万円を引くことができる制度です。

次に、それぞれの特徴と違いを簡単にまとめました。

	白色申告	青色申告 （10万円控除）	青色申告 （65万円控除）
届出	不要	必要	必要
記帳の仕方	簡易簿記	簡易簿記	複式簿記
決算書の作成	収支内訳書を作成	青色申告決算書 （貸借対照表は不要）	青色申告決算書 （貸借対照表、損益計算書など）
特典	●特別控除なし ●赤字の3年間繰り越しなし ●家族への給与 配偶者86万円まで その他50万円まで	●特別控除10万円 ●赤字の3年間繰り越し ●家族への給与 妥当な額なら全額経費	●特別控除65万円 ●赤字の3年間繰り越し ●家族への給与 妥当な額なら全額経費

開業費用は退職金から

「資金は退職金があったのであまり心配はしていませんでした。開業費用は、資格の取得費用やホームページの作成など１００万円で、当面の活動費として50万円を準備しました。このうちの大部分が、資格の取得、セミナーや勉強会への参加費用などの自己投資でした。また家族の反対があったので、夫にはお金の面で絶対に支援を受けないと覚悟もしていました。ただ、しばらく生活費は払えないので、そこはお願いしますと夫には理解してもらいました。夫がサラリーマンで安定した収入があったので本当に感謝しています」

「そうですね、夫婦の一方に安定した収入があると起業はしやすいですね。士業も同じですが、資格の取得に時間とお金がかかりますから。それが資本だから仕方がないと言えば仕方がないですが。ただ、コンサルティング業で起業する場合はそれほどお金はかかりませんし。それでどんなことから始めたんですか？」

ターゲット＆営業戦略

「まずは個人向けのイメージコンサルティングを始めました。ターゲットは女性をメインにしました。事務所は、月額1万円の共同のレンタルオフィスを借りて、お客さまはゼロからのスタートです。友人や知人を無料でコンサルティングして、その評価をフィードバックしてもらい、さらに友人から紹介された人にも無料で対応しました。その繰り返しを3カ月ほど続けて、万全を期して有料メニューを作りました」

「料金はどのように設定しましたか？」

「料金は、相手が支払ってくれそうな金額と自分のモチベーションが維持できる金額のバランスを考えて設定しました。まずは、カラー診断とファッションコンサルティングを組み合わせて2時間で2万円の料金設定としました。その後自己表現の科学であるパフォーマンス学を取り入れたコンサルティングも含めて、2時間で2万5000円にして営業を開始しました」

「営業はどのようにしたのですか？」

「最初はほとんどが知人や友人からの紹介です。そういう意味では、百貨店時代の人脈や、セミナーや交流会に積極的に参加して自己投資してきたことが活かせました。もちろんホームページは作りましたが、紹介で顧客を増やしていけたので、経費があまりかかりませんでした」

「1年をかけて資格を取得し、起業してからも3カ月ほどは無料でコンサルティングをして、十分に時間をかけて準備したのですね。まずは身近なところから無料で始めて実績を作っていったことは素晴らしいですし、メニューや料金設定も無理がなくて良いと思います。事業計画は作ったんですか？」

「はい、数字は苦手ですが、事業の計画を立てることは大好きで、毎年お正月に計画を作って、見直しています。計画通りにいくことは難しいですが」

「大西さんが順調に起業できたのは、準備に十分に時間をかけたことと、事業計画を作ったことが大きいですね。起業に際して何か問題みたいなことはありましたか？」

〝魅力的な〟話がきた

「私の場合は紹介を中心にして顧客を増やしていったんですが、ある時、ＳＮＳ経由で問い合わせがきました。その人は、学校をやっていて、そこで講師として教えてくれないかというものでした。いいお話そうだったので、その人に会うことにして事務所に行ったんです。その事務所は、家賃が高そうな超高級マンションにあり、人柄もよさそうな方でしたので、すっかり信用してそのお話にとても期待しました。ただ、よくよく話を聞くと、講師をするのにまずは自社の研修を受けてくれないかという話で、その費用が１００万円かかるとのことでした。そうすれば、講師として契約して安定した収入を約束するという話だったんです。その場の雰囲気では人柄も信用できそうだし、こんな高いマンションに事務所があるくらいなので大丈夫だろうと契約をしかけましたが、心の中に『何か変だ、ちょっと待て』と叫ぶ声が聞こえて、直前で契約を断ってしまいました。今となってはその話を断ってよかったのかどうかわかりませんが」

「そんなことがあったんですね。開業当初はいろんな話がきますからね。売り上げを伸ばすのに必死ですから、よさそうな話がくるとつい飛びついてしまいがちなので慎重な対応が求められます。その話に乗りそうになって、直前で契約を思いとどまったのはよかったと思いますよ」

法人化したいんです！

「その後は、順調に顧客を増やすことができて、2年ほど実績を積んでイメージコンサルティングの依頼も徐々に安定してきました。ただ、コンサルティングは、一度するとリピートがあまりないので常に新しいお客さまを開拓していかなくてはなりません。エグゼクティブ向けのコースも増やし、男性からの依頼も入るようになって、企業との契約もできるようになってきました。それで、一人では限界がきたので人も雇いたいし、法人化もしたいと思って相談に来ました。法人化した場合のメリット・デメリットや、私の給与はどのように決めたらいいのかなど、わからないことばかりなものですから」

「決算書類を見せていただくと、売り上げも1000万円を超えていますし、事業所得も500万円ほどあるので、法人化すれば節税ができますね。では、まず個人事業から会社を設立する法人化のメリットとデメリットを簡単に説明しましょう」

法人化のメリットとデメリット

法人化のメリットは、ある程度以上規模が大きな会社は、個人事業主とは取り引きしないという傾向があるので、法人化すれば大きな会社とも取引ができるようになるという点です。また、人を雇う場合にも、やはり法人のほうが社会保険などがあるので人材の確保がしやすいです。

また、個人事業は、事業が続けられなくなった時に、銀行からの借金などは「無限責任」といって、お金を借りた人に対して借金の全額を支払う責任を負います。無限責任を負う者は、個人の財産を持ち出してでもすべて支払わなければなりません。

これに対して法人は、原則として、「有限責任」になります。有限責任とは、事業が失敗しても社長本人は、自分が出資した範囲だけで責任を負えばよく、出資金が返ってこないことにはなりますが、借金を背負わずに済みます。ただし、会社が銀行などから借金をして、社長がその個人保証をしていたら、借入金の全額を払わなければなりません。

さらに、法人化のメリットとしては、何と言っても節税と事業の引き継ぎ（事業承継）がしやすくなることがあげられます。しかし、一方で費用の負担が増えるというデメリットもあるので、法人化は、メリットとデメリットの両方をしっかり調べてから考えたほうがいいでしょう。一般的には、売上高が１０００万円を超えたり、利益が４００万円程度あったりすれば法人化したほうがいいと言えます。

社長の給与はどのように決めればいいのか

次に社長の給与の決め方ですが、個人事業で実績がある場合は、その所得分を給与にすることも一つの方法です。

たとえば、個人事業の時の売り上げが１２００万円、経費が６００万円で、所得が６００万円の場合は、その６００万円を役員報酬にするのです。

個人事業で得た所得を、次の図（153ページ）のように役員報酬（役員に支払う給与）として支払えば、会社の利益はゼロになり法人税はかかりません。また、給与にはサラリーマンの経費として認められた「給与所得控除」がありますので、支払う税額は減るのです。

給与所得控除とは、所得税などを計算する時に、ある基準に従って給与収入から無条件で直接差し引くことができる金額を言います。サラリーマンは個人事業のように事業に必要な経費を差し引くことはできませんが、その代わりとして給与所得控除が認められています。給与が600万円の場合は、給与所得控除は174万円なので、控除後の所得は426万円になります。つまり、個人事業では所得（600万円）に税率がかかりますが、それを給与として支払うことで、給与所得控除後の所得（426万円）に税率がかかることになり、その分税金が安くなります。

ただし、注意点としては法人の役員報酬は期の途中で原則的には変更できません。利益が増えそうだからといってその期中に報酬を上げることはできません。当初予想したより利益が出てしまった時には、法人所得も増えるので法人税の負担が出てきます。

個人事業の実績がない場合で、初年度にすぐ売り上げが見込めない場合や初年度から黒字にしたい時は、役員報酬を必要最低限の金額にしておくのも一つの方法です。

役員報酬は、決算後2～3カ月以内に開催される定時株主総会において決定されます。つまり、事業年度開始後3カ月以内に役員報酬が変更されたとしても法人税法上認められることに

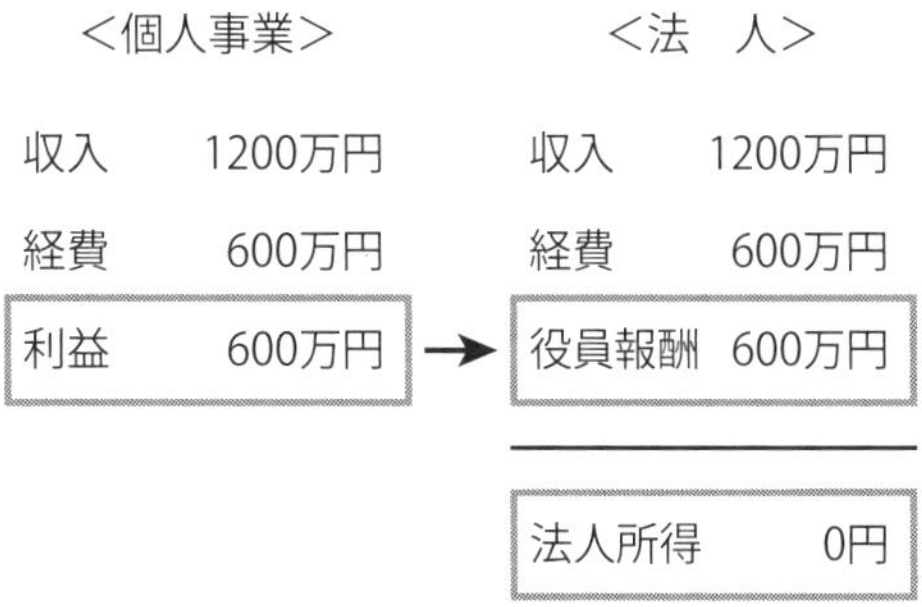
＜個人事業＞
収入　1200万円
経費　600万円
利益　600万円
＜法　人＞
収入　1200万円
経費　600万円
役員報酬　600万円
法人所得　0円

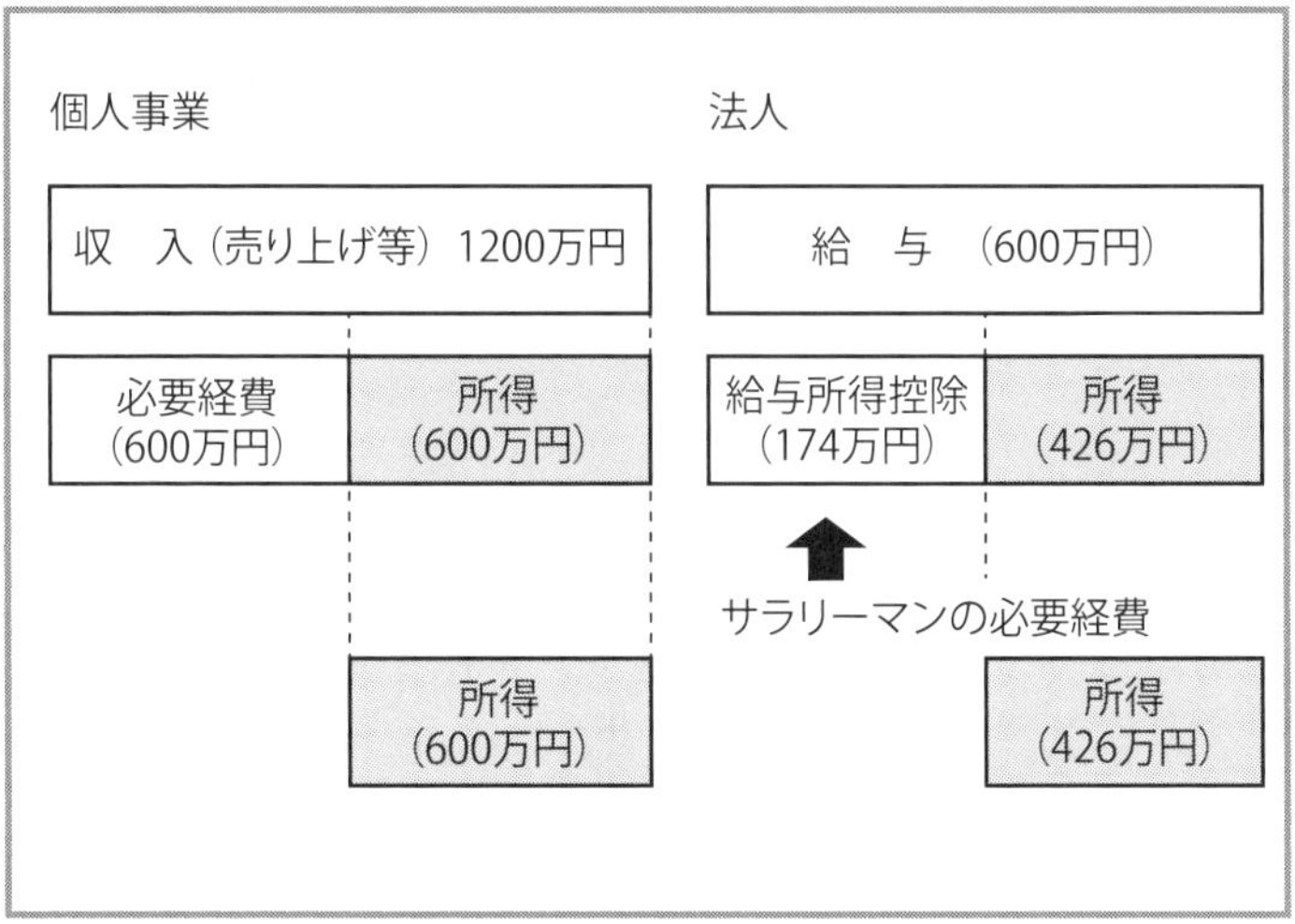
個人事業
収　入（売り上げ等）1200万円
必要経費（600万円）
所得（600万円）
所得（600万円）
法人
給　与　（600万円）
給与所得控除（174万円）
所得（426万円）
サラリーマンの必要経費
所得（426万円）

なります。

では、会社設立時はどうなのでしょうか？

設立直後のため定時株主総会は開催されないので、事業年度開始後3カ月以内に臨時株主総会を開催して役員報酬を決めることになります。その際に最低限必要な金額を、たとえば月額20万円と決めておきます。

株主総会とは、株主によって構成される株式会社の最高意思決定機関のことを言います。取締役の選任、定款の変更などの会社の重要な事項について意思決定を行います。

定時株主総会とは、毎事業年度の終了後、一定の時期に年に1回必ず開催される株主総会のことを言います。必要に応じて随時に開催されるのは「臨時株主総会」と言います。

社長の給与は低くても大丈夫？

社長は自分のお金をあまり使わなくても済みます。事業に関連する支出なら得意先などと飲食した場合は交際費にできますし、ランチも会議費などで会社の経費で落とせます。また、法人であれば、出張に行った時の日当を経費にできます。日当は、交通費、宿泊費などとは別に、1日当たり、たとえば1万円（定額）を支給することができます。日当は、受け取った個人にも税金がかからないという大きなメリットがあります。さらに、賃貸契約しているマンションなどを、会社契約に切り替えて社宅とすることができます。個人で支払っていた家賃の一部を会社負担（経費）とすることができるのです。車も社用車とすれば、ガソリン代や車検などの維持費も会社経費にすることができます。

順調な中にも課題

これまで順調にお客さんを増やしてきた大西由希さんですが、私が話を聞くと３つの課題が見えてきました。それは、**①顧客のリピート率が低い、②雇用のタイミング、③お金の流れがわかっていない**、ということです。

〈課題１　顧客のリピート率が低い〉

定期的な収入を得る方法を考える必要がある

・顧問契約を結べるようなメニューの開発
・単発の契約から長期の契約に変更
・イメージコンサルティングを教えるスクールを開催

〈課題２　雇用のタイミング〉

・適切なタイミングの見極めと人を雇う時のメリット・デメリットをしっかりと見つめる
・人を採用した場合：トレーニングの時間や、人材を確保するための費用が増える
・人を採用しない場合：一人では、睡眠を削っても時間の限界があるし、収入が増えない

〈課題3　お金の流れがわかっていない〉

・家計簿感覚で会社の家計簿をつけること
・収入と支出と現預金の残高を確認することで、半年後の資金を予測すること
・人を雇う場合の費用の増加を知ること

まずは、定期的な収入を得る仕組みを作ることです。これまでは、一度コンサルティングを受けると再度コンサルティングを受けるリピート回数が非常に少なく、常に新規のお客さんを探していかなければなりませんでした。

法人化する時に、人を雇うタイミングも大切です。規模を拡大していくためには人を雇う必要がどこかで出てきますが、そのタイミングは、結構難しいものです。人が先か、売り上げが先かは悩ましい問題です。

人を雇えば固定費になります。もし仕事がなくなっても給料は支払わなければなりませんので、これまで以上にコストの管理をしていかなければなりません。しかし、大西さんの場合、経理が苦手なので、資金（お金）の管理をしていません。まずは、会社の家計簿をつけることでお金の流れを把握する必要があります。

経営者が必ず直面する3つの問題

「大西さんの課題は、コンサルティング業務などで定期的な収入を確保することと、人を雇うタイミング、それにお金の流れを知ることですね」

「はい、おっしゃる通りです。法人化のメリットとデメリットを考えると、私の場合、売り上げ規模や利益の状況からいって法人化するほうがメリットがありそうですね。それに、人材確保や会社との契約もしやすくなりますし」

「そうです。定期的な収入を得られるような方法を考えてみてください。そのためには、顧問契約を結べるようなメニューの開発や、単発の契約を長期の契約に変えることを考えてみましょう。また、イメージコンサルティングを教えるスクールを開催し、生徒を集めて教えることも定期的な収入を得ることにつながりますよ」

起業して経営者が直面する問題は、大きく3つあります。まずは売り上げをどうやって伸ばすか、次に、資金不足と資金繰り、そして人の問題です。起業したばかりの会社に良い人材が来てくれることはまずありません。入社させたらその人に教える時間を取られてしまいます。人を雇ったので新たな仕事を取ってこようと思っても、教えるのに時間がかかって自分が忙しくなるばかりです。時間は1日24時間しかありません。睡眠時間を削るといっても限界があります。

人を雇うタイミング

「先生、人材の確保はどうしたらいいでしょうか？」

「人を雇うタイミングは悩ましい問題です。自分だけでは仕事が回らなくなってから人を雇うのか、ある程度の仕事量を確保した時点で雇うかです。採用は、投資と考えるしかなさそうですね」

「自分一人では仕事が回らなくなってから人を雇っても、教える時間がないという問題も出てきますし、仕事がなくなっても給与は支払わないといけないので、いつのタイミングで雇うかは迷ってしまいます」

「短期的にみればすぐ即戦力にはならないでしょうから、ある程度の時間は必要です。どういう人（性格など）を雇いたいのか、どのような能力を求めるのか、何を期待するのかなどを明確にする必要があります。最初は、やはり知り合いなどから紹介を受けて、よく知った人を採用するほうがいいかもしれませんね。費用はかかりますが、外注で回すとか、派遣会社から派遣を受けてみるのも一つの方法です。派遣会社なら、一定期間一緒に働いて相性などがよければ社員に採用するのもいいでしょう。ただ、人を雇う場合、給料は支払い続けないといけませんので、今以上のお金の管理は必要になってきます。経理はどんな状況ですか？」

お金の管理

「はい、先生。お恥ずかしい話なんですが、私は数字が苦手で、経理は知り合いの人に丸投げ状態です。確定申告は自分でやっています」

「法人にするのであれば、丸投げ状態ではよくないですね。ある程度は自分でやる必要がありますよ。もしくは、会計事務所に依頼して経営状態がよくわかるようにきちんと資料を作ってもらいましょう。特に、資金繰りは大事です。まずは、家計簿を作るような感覚で簡単な資金繰り表を作ってみましょう。その表を使って３カ月先や６カ月先の資金の状況が予測できるようになれば大丈夫です」

「先生、私は数字が苦手なんですが大丈夫でしょうか」

「大丈夫です。何も最初から複雑なものを作る必要はありません。毎月、収入と支出をきちんとつかむことができればいいのです。家計簿なら難しい経理の知識は必要ありません。まずは、会社の家計簿をつけて、収支とお金の残高がわかるようにすることから始めればいいのです。お金がなくなれば会社は終わりです。特に人を雇うなら今まで以上に資金管理に気をつけなければなりません。会社の家計簿をつけることで、数字が苦手な大西さんでも簡単に数字を見ることができるようになります」

会社の家計簿のつけ方

会社の家計簿は３つの部分からなります。

①収入（売り上げなど）
②支出（給与などの経費や車などの資産の購入）
③借入金の収支（お金の借り入れと返済額）

内容は細かく分ける必要はありませんので、大まかな項目で金額を記入していきます。

左図を見てください。

1．当月収入
預金通帳に入金された売り上げなどを記載します。
2．当月支出
預金通帳から振り込んだ支出額などを記載します。仕入れ、給与などの人件費や家賃など、その月に支払った経費の金額を記載します。資産は、10万円超の金額のものが該当します。


（当月収支）

当月の収入と支出の差額です。ここをプラスにすることが重要です。

当月収支のマイナスが続くとお金が減っていきます。なくなる前に銀行から借りるなどして、お金を調達する必要があります。

会社の家計簿

ABC株式会社（平成26年１月１日から平成26年12月31日）　千円

	1月	2月	3月	4月	合計
前月繰越	2,840	2,350	2,050	2,050	
1．当月収入（入金）					
売上	1,200	800			2,000
					－
1．当月収入　計	1,200	800	－	－	2,000
2．当月支出（出金）					
仕入	－	－			－
経費	1,200	1,000			2,200
資産	390	－			390
					－
2．当月支出　計	1,590	1,000	－	－	2,590
当月収支（１）－（２）	(390)	(200)	－	－	(590)
3．借入金収支					
借入金　入金（＋）					－
借入金　返済（－）	(100)	(100)			(200)
3．借入金収支　計	(100)	(100)	－	－	(200)
4．当月差引金額	(490)	(300)	－	－	(790)
5．当月預金残高	2,350	2,050	2,050	2,050	

3．借入金収支
銀行からの借入金や返済額を記載します。
4．当月差引金額
当月の収入、支出と借入金収支の差額です。この金額が、プラスの場合は、お金が増え、マイナスの場合はお金が減ることになります。
5．当月預金残高
翌月に繰り越す預金の金額です。預金通帳の残高と一致します。


この表（161ページ）をつけるメリットは、毎月の支出の金額が大まかにわかってくるので、3カ月後や6カ月後のお金の残高の予測ができるようになることです。

たとえば、毎月大まかに100万円の経費を使うので、毎月の収入をそれ以上にしないと、いずれお金が足りなくなってしまうという予測ができるようになります。また、もし、お金を借りて借入金を返済する必要がある時は、**当月の収支である1．と2．の差額（当月収支）がプラスでないと返済ができない**ことになります。

表の当月収支の1月は、39万円のマイナスです。ということは、借入金の返済額の10万円とあわせた49万円のマイナスとなっているので、翌月の繰越金額が、前月の繰越金額より49万円減ってしまっていますし、2月は30万円減ってしまっています。もし、こういう状況が続くと、経費を見直すか、新たな借入金をするかなど、早めに対策が立てられるようになります。

半年後の成果

「先生、いろいろとありがとうございました。思い切って法人化してよかったです。法人化したら信用力もアップしたみたいで、会社との契約もできるようになりました。それに、相手側の対応も個人の時とは違ったように感じます。消費税が2年間免税になるのも大きいですね。法人化をきっかけにホームページもリニューアルして、ネットの広告宣伝にも力を入れるようにしたら、ネットからの問い合わせも徐々に増えてきました。それに、企業から社員に対するイメージアップの研修の依頼も入るようになってきたんです」

「それは良かったですね。お金の管理はどうですか？」

「会社の家計簿もつけるようになって、これまで以上にお金の管理に気をつけるようになりました。領収書の整理など手間は少しかかりますが、その月にお金がいくら入って、いくら出ていくのか一目でわかるのでとても便利ですね。大体毎月の支出がわかるようになったので、お金が足りなくならないように早めに手が打てます」

「お金が足りなくなったら、せっかく作った会社も継続できないですからね。売り上げの課題はどうですか？」

「定期的な収入を得られるように顧問契約できるようなメニューの開発を進めています。経営を安定させるのは、やはり定期的な収入を得る仕組みを作る必要がありますものね」

「少し時間はかかるかもしれませんが、しっかりと取り組んでいってください。雇用の問題は解決できましたか？」

「人を雇うことは、とりあえず外注で仕事を回して対応しています。もう少し経営が安定したら人を雇おうかと思っています」

「わかりました。タイミングは大事ですからね。他には何かありますか？」

「将来的には、国際イメージコンサルタントの養成スクールを開校して、生徒を集めて教えることができればいいなと。そしてその学校を大きくしていきたいというように、夢がどんどん膨らんでいます。これからも目標に向かって頑張っていきたいと思いますので、先生、どうぞよろしくお願いします」

第７章のポイント

1. サービス業の特徴を理解する

①形がないこと（目に見えない、はっきりとした形がないため、買う前に見たり試したりできない）
②サービスの提供と同時になくなること（買った後にモノが残らず、サービスの提供と同時に使われてなくなってしまう）
③仕入れや在庫がないため運転資金がそれほどかからず、少額で起業できる

2. 会社の家計簿をつけてお金の流れをつかむ。家計簿は、次の3つからなる

①収入（売り上げなど）
②支出（給与などの経費や資産の購入）
③借入金の収支（お金の借り入れと返済額）

当月の収支である①と②の差額（当月収支）がプラスでないとお金が減っていってしまうため、この収支をプラスにすることが大事。

3．法人化のメリットとデメリットを理解する

メリット：節税の選択肢が増えることと事業承継がしやすくなる

デメリット：費用の負担が増える

第8章　フラダンス教室で起業！「困ってしまった税金対策」

経験、知識、人脈、お金ナシ！　こんな私でも起業できます？

・29歳、独身
・開業資金：１００万円
・使用明細：レンタルスタジオ代（30万円）、地域新聞への広告費（20万円）、ホームページなどの作成費用（20万円）、衣装代・その他（30万円）

今から5年ほど前になります。私が運営している日本起業家倶楽部というサイトからメールで相談がありました。それが、川西好美さんとの最初の出会いでした。

「フラダンス教室を始めたいと思っています。幼いころから母親に教えてもらっていたので人に教えることはできます。でも、経営の経験、知識、人脈、お金もないのですが、どこから始めればいいでしょうか。こんな素人の私にできるでしょうか？」

あまりにも率直な内容だったので、よく覚えています。私はこのメールに、次のように返事をしました。

「川西さん、はじめまして。起業は、皆さん誰もが初めは素人です。ですから、川西さんができないはずはありません。ただし、やはり入念な準備が必要です。まずは、誰に、何を、どのようにして、いくらで売るのか、を考えてみましょう。また、他社にはない独自の強みはあるのか。必要な資金はどれくらいなのか。このようなことをまずは紙に書いてみたらいかがでしょうか。もし、さらに何か相談したいことがありましたら、ご連絡いただければと思います」

するとしばらくして川西さんから会って相談したいという連絡があり、お会いすることになったのです。

「川西さん、はじめまして。今日は事務所までお越しいただき、ありがとうございます」

「お忙しいところお時間を取っていただき、ありがとうございます。メールでも少しご相談させていただいたのですが、フラダンス教室を始めたいと思っているんです。あれから、先生がおっしゃるように、事業計画書の本を買って勉強して、事業計画を考えています」

「それは良いことですね。なぜフラダンス教室を始めたいんですか？」

「フラダンスは、ハワイで生まれた伝統的な民族舞踊です。フラはハワイ語で『踊り』を意味します。なので、フラダンスと言うと『踊りの踊り』ということになってしまうので、本来は『フラダンス』ではなく『フラ』と呼ぶことが多いです」

「ほー、そうなんですか。本当はフラなんですね」

「私は29歳で、2歳下の妹がいます。父親は小さな会社を経営しています。母親が30年ほど前に趣味でフラダンスを始め、その後、カルチャーセンターなどで細々と教えています。その当時フラダンスはまだ珍しく、偏見とかもあったんですが、母は熱中してしまいハワイで有名な先生に師事して本格的に勉強し始めました。私たち姉妹も小さい時からたまに母親からフラダンスを教えてもらっていました」

「小さい時からフラに触れていたんですね」

「私は短大卒業後、一般企業に就職して2年ほど働いたものの、仕事がつまらなくて辞めてしまい、アルバイトをしていました。そのうち母親からフラの教室を手伝ってほしいと言われて、小さい時からやっていたし、アルバイトのつもりで特に抵抗もなく手伝い始めたんです。ただ、教室には若い人もいなくてつまらないなと思って、半年もするともう辞めたいと思ったんです」

「それで、辞めてしまったんですか？」

「いいえ、そんな時、母親のハワイの師匠が来日して、その師匠にうまいうまいと褒められたため、がぜんやる気が出てきました。それからというもの一生懸命練習し、ハワイにも何度も行って現地でも学びました。そして、妹も参加して一緒に練習を始めたんです。すると、フラは踊ることで自分を表現できるし褒めてもらえるので、どんどん好きになっていったんです」

フラダンスをビジネスの形にしたい！　資金は100万円

「師匠に褒められて辞めるのを思いとどまったんですね。それからどうしました？」

「ある時、フラを教えていた知り合いのマダムから、ご主人が病気であまり長くないことを聞きました。そこで一念発起して、地元の舞台で発表することを企画しました。無事その舞台は成功し、マダムとご主人からとても感謝されたこともあり、この仕事を続けようと決意したんです」

「そんなことがあったんですね」

「母はもう自分の教室を私にやってほしいと言っています。私もどうせやるならちゃんとしたビジネスの形にしたいと思っているんです。でも、今まではほんのアルバイトのつもりでやっていましたし、経営のことなんて何もわからないし、知識や経験もないし、お金もないので、何をどうすればいいのか全然わからなくて、こんな素人の私でもビジネスとしてやっていけるのか相談に来ました」

「なるほど、わかりました。メールにも書きましたが、経営なんて誰でも初めは素人ですよ。大丈夫、川西さんにもできますよ。フラは小さいころからずっとやっていたし、アルバイト感覚とはいえ生徒さんに教えてもいたので、教える経験と知識は十分ですね。あとは、まず、①誰に、②何を、③どのような強みで、④どうやって、商品やサービスを提供するか、そして、⑤必要な資金はいくらなのか、を紙に書いてみることから始めてください。その際に、お母さんや妹さんも交えて相談するのがいいでしょうね。今後大事なビジネスパートナーになるのですからね」

「はい、わかりました。でも、具体的にはどうしたらいいのでしょうか。経営とはどういうことをするのでしょうか？」

いざ事業計画書の作成へ！

「経営とは、会社を存続させることです。そのために、お客さまにとって価値のある商品やサービスを提供し続けることなんです。そうすることで、お客さまを創造し続け、利益（お金）を生み出します、そして、その事業から生み出されるお金を管理して、そのお金を動かすことです。簡単に言えば、事業のモデルと売る仕組みをしっかりと作り込み、その事業を動かして利益（お金）を生み出し、しっかりとした資金（お金）の管理をすることです。事業モデルを作り込むために先ほど言った、誰に、何を、どのような強みで、どうやって、いくらで売るか、をまずしっかりと作っていけばいいのですよ。

川西さんの場合は、フラ教室をやりたいということなので、②何を、はハッキリしていますね。ただここで、メニューや料金など具体的なものを考えてください。次に、①誰に（ターゲット）と、③どのような強みで、④どうやって（マーケティング、営業）、提供するかを考えてみましょう。

②の誰にとは、自分がターゲットとしたい人たちのことです。女性なのか男性なのか、女性であれば、たとえば、20代なのか40代なのか、主婦なのか働いている人なのか、などです。

③は、提供する商品やサービスが、他と比べてどのような強みを持っているかを明確にします。ここで大事なのは、提供する商品やサービスがお客さまにとってどのようなベネフィットがあるかという視点を忘れてはならないことです。

ベネフィットとは、お客さまが商品やサービスを利用することで得られる有形・無形のメリット、価値のことです。

④は、その人たちにどうやってその商品やサービスを知ってもらい、わかってもらい、そして、最終的に生徒さんになってもらうかまでのプロセスを考えることです」

私は、一通り事業計画書の作り方を説明して、次回の約束をしてその日の面談を終えました。

誰に、何を、どのような強みで、提供するのか？

「先日はありがとうございました。あれから、計画をいろいろ考えてみました」

「川西さん、誰に、何を、どのような強みで、どうやって売るのか、考えましたか。川西さんの、強みはどんなところにあるのでしょうか？」

「母親が30年ほど前から始めているので、日本でもおそらく古い教室なんだと思います。母はハワイの師匠から指導を受けて、ウニキという免許を得ています。そういった伝統と合わせて、まだ20代の私と妹が母のサポートをしています。私もハワイに何度も行って、母の師匠から指導を受けています。ハワイのコンペティション（大会）にも出場しました。なので、フラを教えることには自信があります」

「なるほど、30年続いている信頼と実績をアピールすれば、他と比べてかなりの強みになりますね。それを前面に押し出していけばいいですね。お母さんはどのように教室を運営していたんですか。川西さんはそれを今後どのようにやっていきたいんですか?」

「母は最初、趣味でやっていたんです。やがてカルチャーセンターなどで教えるようになったんですけど、規模的には小さくてとてもビジネスとは言えるものではなくて、好きでやっているような感じです。私は、どうせやるならもう少しちゃんとした形でやっていきたいと思います。ただ、今はお金も100万円ほどしか準備できないので、とてもスタジオを借りて家賃を払っていくようなことはできません。教室はそのつど、レンタルスタジオを借りて教えようかと思っています」

「わかりました。お金の問題もあって、最初は小さくスタートするということですね。それも一つの選択肢です。あと、料金表やメニューや教える内容とかの具体的な内容は決まっていますか?」

「はい。まだこれからなんですが、おおまかなコースやイベントの企画は考えています。もちろん料金も含めてです」

どうやって、売るのか?

「メニューや教える内容なども大体決まっているんですね。では次は、どうやって集客するかですね。具体的な集客方法やマーケティングプランは考えていますか?」

「生徒の集客は、ホームページやブログ、SNSや地域コミュニティ誌への広告掲載、公共機関への掲示などを積極的に利用します。教室の魅力をアピールするために、ブログやSNSでレッスン風景や作品などの写真を乗せます。１日に１度はブログを更新して、アクセス数を増やすことに努力しようと思っています。もちろん、ホームページは少しお金をかけてしっかりとしたものを作ります。ホームページでは、30年続いている教室を全面的にアピールして強みをPRしたいのです。紹介制度を作ったり、既存の生徒さんの口コミで、教室のPRをしてもらうよう働きかけたいと思っています。そして、誰にでも気軽に体験してもらいたいので、低料金の見学体験レッスンの開催も考えています」

「わかりました。その計画をベースにして何度もブラッシュアップしていけばいいですね。事業を始めれば思った通りにはいかないことが多いので、計画はそのつど、修正していけばいいのです。個人事業でするのか法人を設立してするのかという選択肢がありますが、それはどう考えているんですか？」

「はい、まずは小さくスタートしようと思っていますので、個人事業として始めようと思っています」

その日は、個人事業には、「青色申告」と「白色申告」があるということや、事業計画ができたら再度相談に乗ることを伝えて面談を終えました。

先生、税金が払えないんです！

その後、事業計画の相談が数回あったのですが、それ以降、川西さんからの連絡はありませんでした。しかし、３カ月ほど前に突然連絡がきたのです。

「川西さん、お久しぶりですね。あれからもう4年以上経ったんですね。今日は、急にどうしたんですか？」

「先生、ご無沙汰しております。あれから、母と妹と私でいろいろと相談しながら教室を始めたんです。そしたら、知り合いからはパーティやイベントで踊ってほしいとの依頼が来たり、10人から20人ほどの小さなサークルからも教えてほしいとの依頼が来たりして、わりと順調にスタートできました」

「ほう、それは良かったじゃないですか。事業計画を何度も考えたかいがありましたね」

「はい、ありがとうございます。母が細々とやっていたころに比べ、私と妹も加わって一緒に教え始めたせいもあるのかもしれませんが、口コミでも紹介が増えていったんです。ブログやＳＮＳで積極的に発信したり、地域のコミュニティ誌に広告を載せたりしたこともあってか、徐々に仕事が増えていきました。無料の体験レッスンも始めました。1年目や2年目はそんなに会員も増えなかったんですが、３年目くらいから教室の会員が急に増え始めて、4年目には気がついたら３００人ほどになっていました。私たちは仕事が忙しくなったのもあって、事務の人を一人雇ったんです。彼女に細々した事務作業やスケジュールの管理などを任せるようになったんです」

「人を雇うタイミングも難しいところがありますが、そこもすんなりクリアしたんですね」

「はい。もう誰かに手伝ってもらわないと仕事が回らなくなってしまって、早く手伝ってくれる人を見つけなきゃっていうような感じでした」

「順調に事業も大きくなって良かったじゃないですか。何か問題でもあるのですか？」

「どんどん仕事が忙しくなって売り上げが伸び、手元のお金も増えていったんです。お金があると思って、私たちは、研修を兼ねて何度かハワイに行って、ついでにブランド物のバッグや洋服などの買い物をしたりしました。また、車も欲しくなったので、思い切って新車を買ってしまったんです。経理のことはよくわからないので、彼女に任せっきりにしていましたが、今年の確定申告の時期になって税金を計算したら、高額の所得税を支払わなければいけないことがわかってびっくりしてしまったんです。もう真っ青になってしまって。でもお金は、旅行や車に使ってしまったので手元には残っていません。先生、どうしたらいいんでしょう？」

必要経費になる支出、ならない支出

「そうだったんですか。川西さん、またずいぶん派手にお金を使ってしまいましたね。３年目から急に事業が拡大し始めたんですね。事務の人に経理などをまかせっきりにしていたので、どれくらい儲かっていたかもわからず経営していたんですか。手元にお金があると思って、経費の使い方も無茶苦茶ですね。事業のお金と生活のお金を混同しがちになりますから、もっと注意が必要なんです。個人事業は、あれもこれも経費にはなりませんよ。個人事業は、業務に関連があり必要性が認められる支出は**『必要経費』**となります。しかし、それ以外のものは**『家事費』**となり『必要経費』とすることはできません。また、『必要経費』と『家事費』を明確に分けることができない**『家事関連費』**があります。これは業務上必要な部分の合理的な按分基準を示すなどして、経費部分を自ら明らかにする必要があるのですよ。たとえば、賃貸の自宅を事務所に使用している場合や水道光熱費、電話代などがそうです」

「ブランドもののバッグや洋服は経費にならないんですね。車はどうでしょうか？」

「車は、固定資産になるため一度に経費で落とせません。6年かけて費用にします。たとえば、車の購入価格が240万円としたら、1年の費用としては、240万円÷6年＝40万円しか費用としては計上できません。もし、その車を私用に使うのであれば、使用割合などの基準で按分しなければなりません。たとえば、事業用に70％、私用に30％であれば、40万円×70％＝28万円しか費用にできないので、経費として計上できる金額は減ってしまいます」

「車も一部しか費用にできないのですね。私は全部費用になると思っていました。それで、支払う税金も多くなってしまったんですね。でも税金を支払うお金がないんです」

「川西さん、税金は支払わなければなりません。あとは税務署と交渉して分割払いにしてもらったらいかがですか。もっと事前に税金対策をしておくべきでしたね。これだけ売り上げと利益があれば、法人化したほうがいいですよ。法人にすれば節税は個人に比べてしやすいからです。固定費はかかりますが、自社でスタジオを借りて事業をさらに拡大することを検討してもいいでしょうね」

利益が出たら税金対策！

「先生、この前はありがとうございました。税務署とは相談をして、税金は分割払いすることになりました。確定申告をしたら高額の税金を支払わなければならないとわかってびっくりしてしまったんです。急に生徒さんが増えてきてお金も入るようになって、なんだか無駄遣いをしすぎたようです。いざ税金を払う段になってそんなにお金がないなんて、お恥ずかしい限りです。利益が出たら税金対策が必要なことがよくわかりました。あんなに税金が恐ろしいものだとは、身に染みて思い知りました」

「税金はあとからきますからね。毎月ちゃんと損益を見て、対策を立てていかないと痛い目に遭います」

「売り上げ規模がある程度大きくなって、利益も出るようになったら法人化したほうがいいですね。今後は経理も毎月きちんとやって、利益がどの程度出るかきちんと把握しようと思っています」

「それがいいですよ。経理も任せっきりではいけません」

「フラ教室は、スタジオを借りて事業を拡大していきたいと思います。もう無駄遣いはしません。３人で力を合わせて、もっともっとたくさんの人にフラの魅力を伝えていきます。私この仕事が本当に好きなんだと思います。踊ることがこんなに楽しいなんて、母が熱中した気持ちが今はよくわかります。それに、好きなことをやってお金もいただけるなんて、私は本当に幸せです。これからも一生懸命やっていきたいと思いますので、先生、今後ともよろしくお願いします」

ライフサイクル曲線

川西さんの事業が急に大きくなったのは、フラの業界がちょうど成長期にあったことにあるのかもしれません。事業を始める際にはどのライフサイクルにあるかを考えることが重要です。商品やサービスにはライフサイクルというものがあります。ライフサイクルとは、商品やサービスが市場に登場して、衰退するまでの期間を曲線で表したものです。この概念を知っていれば、市場への参入タイミングがわかります。事業を始める時には、自分の提供する商品やサービスがどのライフサイクルにあるかを考えることも重要だからです。縦軸は「売上高」、横軸は「時間経過」になっています。左の図を見てください。

ライフサイクルとはその商品の成長がS字カーブを描くことから、そのS字カーブを次の4つに区切り、1サイクルとして説明します。

①導入期　②成長期　③成熟期　④衰退期

①導入期

この時期の商品やサービスは、その市場がまだ開拓されていないため、知っている人がほとんどいません。そのため、市場に認知されるまでに多くの宣伝広告費がかかります。また、多

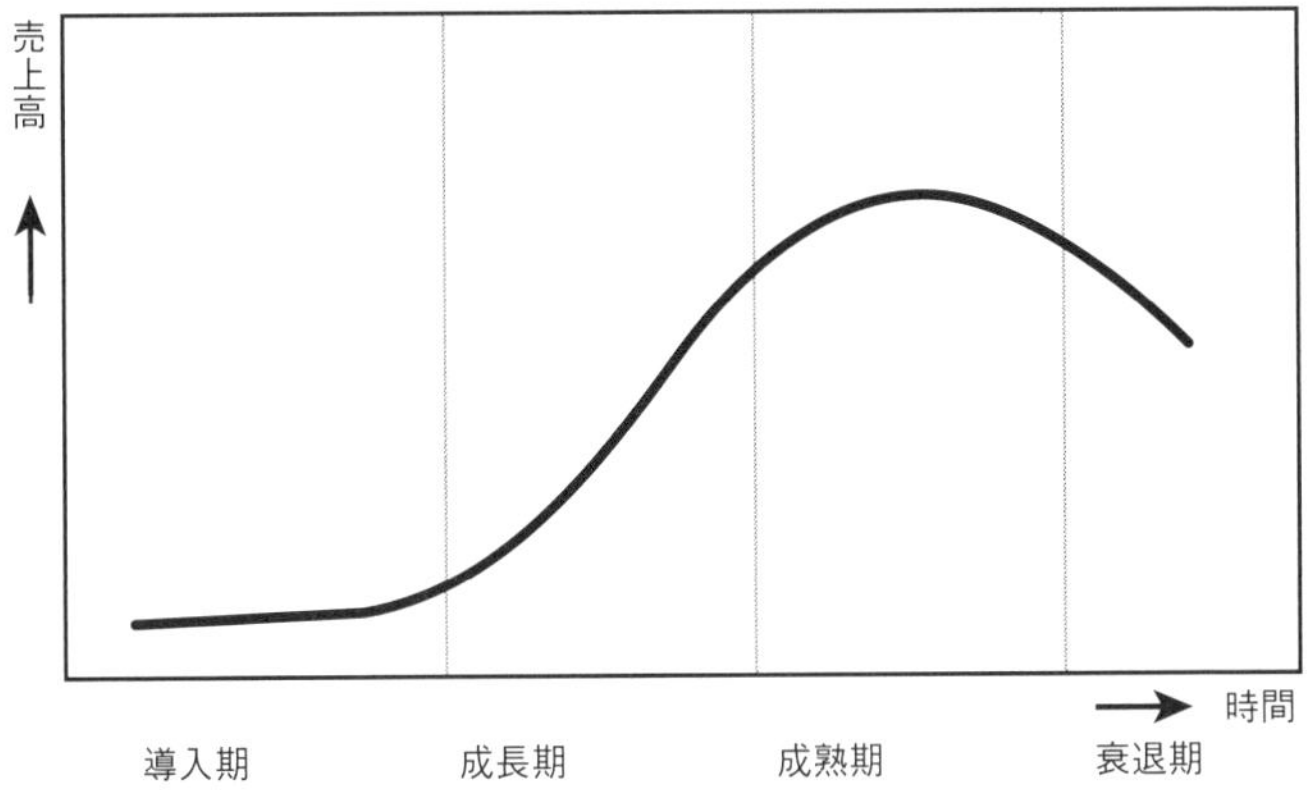

くの商品は市場に定着することなく、この時期に消えていきます。

②成長期

商品やサービスが市場に受け入れられて、売り上げが急に伸びる時期です。極端に言えば、何もしなくてもその商品やサービスが売れてしまう時期です。また、需要が急に増えるため、市場に参入する事業者も増えます。新規の顧客を増やすには最も適した時期なので、資金力に乏しい場合はこの時期に市場に参入するといいでしょう。

③成熟期

商品が市場に行き渡って、成長期の伸びに比べて段々売れなくなっていきます。この時期の長短がライフサイクル全体の長さを決める要因となります。この時期は、新規顧客の獲得にコストをかけるよりも、既存客の満足度アップに努めるほうが売り上げの確保及びリピーター客の囲い込みに繋がります。また、需要量は頭打ちとなるものの、市場参入業者はまだ増加するため競争が激化します。

④衰退期

売り上げ、利益とも減少する時期です。需要量は減少し、市場から事業者がいなくなっていきます。市場が小さくなり始めるので、業界でトップクラスになっていないと売り上げを確保することは難しくなります。ただ、この衰退期に入る前にコンセプトを変えるなどして新たな市場を開拓することができれば、もう一度、成長カーブを描くことも可能です。

第8章のポイント

1. 個人事業の経費には、「必要経費」「家事費」「家事関連費」がある。「家事費」は、必要経費とならない。「必要経費」と「家事費」を明確に分けることができない「家事関連費」は、合理的な基準で按分する

2. 市場に参入する時は、その市場が今どのライフサイクル（①導入期　②成長期　③成熟期　④衰退期）にあるかを考える

第９章　社会保険労務士として起業！
「今後の事業展開がわからない！」

もっと知識や経験が積み重なっていく仕事がしたい！

・37歳、既婚、子供2人
・開業資金：60万円
・使用明細：資格取得のための通学費用と社会保険労務士の登録費用（50万円）
　　　ホームページの作成や名刺等の費用（10万円）

木島啓子さんとは、定期的に開かれる異業種交流会で知り合いました。社会保険労務士として開業したので、士業で起業した例として紹介します。


「今日は、どのようなご相談ですか？」

「はい、社会保険労務士として開業して3カ月ほど経ちました。このところ出費ばかりが増えて、どこにお金をかけていいのかわからなくなっていたのと、これからどのようにやっていけばいいかなどをご相談したいと思います」

「木島さんは、どんなきっかけで資格を取ろうと思ったのですか？」

「私は、今、37歳で、子供が2人います。短大卒業後、あるメーカーに就職したのですが、学生時代に知り合った夫と22歳で結婚しました。会社は結婚を機に退職しました。23歳の時に第

１子が生まれて、25歳の時に第２子が生まれたんです。夫の仕事の関係で、本社は東京だったんですが、九州に赴任したり、札幌に転勤になったりしました。29歳の時、ロンドンに赴任することが決まり、４年間ロンドンに滞在しました。ロンドン滞在時は専業主婦として時間があったので、語学学校に通い英語を勉強して、英検の準１級を取得しました。33歳で帰国した後、せっかく身に付けた英語を生かそうとパートで子供向けの英会話教室の先生をしましたが、発展性があまり考えられなかったので１年ほどで辞めてしまいました。もっと知識や経験が積み重なっていく仕事がしたいと思うようになったころ、社会保険労務士という資格があることを知ったんです。内容を調べるととても興味深くて、この仕事だ！　って思ったんです。それで、資格の取得を目指そうと思いました」

「それがきっかけだったんですね。それで、どうしたんですか？」

専業主婦から生命保険の営業へ

「まずは、将来の独立のことも考えて、営業力をつけるために生命保険会社に入社しました。それと同時に資格取得の勉強を始めたんです。保険の営業職で働きながらの勉強だったので、平日は９時に出社して20時ごろ帰宅の生活でした。その後、家族のために夕食を作って、朝は朝食と昼の弁当を作っていたため、週末くらいしかまとまった時間は取れなかったんですが、それでも試験前３カ月は平日も勉強するため、夜中の２時に起きて深夜営業しているお店に行って朝まで勉強するという睡眠時間３時間ほどの生活を続けました。そんな努力のかいもあって、2年で合格することができたんです。ただ、これまで実務経験がなかったので事務指定講習という通信研修を4カ月ほど受け、4日間の講義を受けて、晴れて社会保険労務士として登録をすることができました」

「勉強と仕事と家事・育児で大変でしたね。それに、将来的に独立も視野に入れて営業力をつけるために生命保険会社に入社したんですか、行動力も素晴らしいですね」

「資格を取った後、いつかは独立しようと思っていました。もちろんそんなに甘いものではないとも思っていましたが、自分のペースで仕事ができて、好きな仕事をやって、さらにお金をいただきながらできるなんてと思うと、いつか独立したいという気持ちは強かったんです。生命保険の営業では、飛び込み営業やテレアポも進んでこなし、営業目標を達成しました。特に会社に不満はなかったんですが、営業職で入社していたため、資格を取得しても特に何も変わりませんでした。それならばと、営業の勉強も積んできたし、取得した資格と生命保険の知識を活かして独立してやってみようと37歳で会社を退職して開業しました」

「なるほど、そうですか。開業のための費用はいくらかかったんですか？」

開業費用は60万円

「開業までにかかった費用は、資格取得のためにスクールに行った費用と、社会保険労務士の登録費用や入会金・年会費などで約50万円ほどです。自宅で開業したのと、ＰＣやプリンター、電話、ＦＡＸはすでに持っていたので開業費用はほとんどかかりませんでした。また、ホームページも知り合いに頼んで安く作ることができて、全部で60万円ほどです。開業したばかりで自宅を事務所にしていますので、家賃はかかりません」

「士業の場合は、自宅で始められるので開業資金はあまりかけずに済みますね」

「はい。ただ士業の仕事は専門知識と経験が必要なため、最初は専門書を買い込んだり、セミナーに参加したり、同業者の交流会やさまざまな交流会に参加したりと、やみくもにいろいろなものに参加していました。私は、営業経験があるため、人と話すのも苦手ではないので今は誘われるままに費用のことも考えず参加しています」

「士業は毎年のように法律が変わるので、そのフォローも大切ですしね。また、人に会うのが仕事みたいなところもあるので、交流会などにも参加するのは大事なことです。経理はちゃんとやっていますか？」

「実は、経理は大の苦手で、家計簿も年初にはつけようと新しく購入しますが、続いたためしがなくて何度も途中で挫折してしまっています。また、開業する際に家計と同じ通帳を使ってしまったので、事業と家計の区別もよくわからなくなってしまっているんです」

「事業と家計が一緒になってしまっているようですね。それは困りましたね。早急に通帳を分けないといけません。お金の管理は大事ですよ」

「お金のことはあまり考えずに交流会やセミナーなどに参加していたので、出費ばかり増えてしまって、どこにお金をかけていいのかわからなくなってしまいました。それと、事務所の経営のことを考えるともっと安定的に売り上げを伸ばしていきたいし、今後、どのようにしてやっていこうかと悩んでいます。やはり、ホームページなどにもっとお金をかけたほうがいいのか、それともセミナーなどをもっと自主的に開催していったほうがいいのかなど、どうしようかと悩んでいるんです」

社会保険労務士の仕事

「今は、どのような仕事に力を入れているんですか?」

「はい、通常の社会保険労務士の仕事である、社会保険や労働保険の手続きや、給与計算業務をやっています。ただ、新規で顧問先の会社を見つけるのは大変です。そんな時、たまたま知り合いの方から、うつ病になって仕事ができなくなってしまった人を紹介されて、障害年金の取得を申請することになったんです。申請はとても大変でしたが、うまく通って障害年金をもらうことができる予定です。これも一つの業務にしていきたいと思っています。ただ、申請は時間もかかりますし、手続きが少し面倒です」

「障害年金の申請を一つの専門分野にしたのは良いと思います。障害年金の申請を専門としている社労士の先生はまだそれほど多くないので、競合が少ないという点では目の付け所が良いと思いますよ。ただ、競合が少ないのは、逆に手間がかかって申請が大変ということもあるのでしょう」

「そうなんです。申請しても認定されないケースもありますし、申請まで半年から1年かかるケースも珍しくありません」

「士業は、経営を安定させるにはやはり顧問契約を増やしていく必要があります。障害年金の申請は単発の契約だし、時間がかかるという問題があります。この分野を専門としつつ、企業との顧問契約をいかに増やしていくかが木島さんの課題になります。うつ病で退職する人も増えているので、これを切り口に企業にも営業をかけていけばいいのではないかと思います」

私は木島さんの話を聞いてご自身も認識はしていますが、２つの課題が見えてきました。まず一つは、社会保険労務士としての今後の事業展開をどうしていくのか、という点と、もう一つは、セミナーや交流会等にやみくもに参加していて出費がかさんでいて何にお金を使っていけばいいかわからなくなっている、という点です。

〈課題１．社会保険労務士として今後の事業展開〉

事務所の経営を安定させるために売り上げを伸ばすことと、それをどのように達成していくのかなどの今後の事業展開を見直すこと。

〈課題２．何にお金を使うのか〉

士業で開業するにはお金はあまりかかりませんが、法律が毎年のように変わるのでそのフォローのために本を買ったりセミナーに参加したりと、開業した後での勉強が欠かせません。また、人脈を広げるために交流会などに参加する必要もあります。ですが、費用のことを考えず、やみくもに参加するだけではいけません。いつ、何に、いくらお金を使うのかの計画を立てることです。

木島さん独自の強みとは

〈課題1．社会保険労務士としての今後の事業展開〉については、まずは事業計画をしっかりと作るのがいいです。

計画作成のポイントは、士業の場合であっても同じです。

①誰に、
②何を、いくらで、どこで、
③どのような強みで、
④どうやって売るか

を考えます。

ここでのポイントは、③の強み（ＵＳＰ）を見つけることです。

ＵＳＰとは、unique selling propositionの略です。自社（自社製品やサービス）のみが持つ独特の強みのことで、お客さまの購入理由となる特徴的なベネフィットを表します。

ベネフィットとは、お客さまがその商品やサービスを利用した時に得られるメリット（価値）のことを言います。

この自分の強み（ＵＳＰ）を考えるのに、あなたがお客さまに対して、「どのようなベネフィット」を提供できるかという視点を忘れてはなりません。なぜなら、どのような強みがあったとしても、商品やサービスが売れなければ意味がないからです。

たとえば、より高い利便性、より速いサービス、より高い品質、などお客さまにどういうメリットを提供できるかを考えることが必要でしょう。

士業は、強み（ＵＳＰ）を見つけるのがなかなか大変です。提供するサービスは、税理士なら、税務、会計など、皆同じだからです。そこで、飲食業など業種に特化する場合や、起業に特化するなどの特化型があります。相続税専門、クリニックなどの医業専門、社会福祉法人や公益法人専門など、少し特殊な分野に特化することも考えられます。

起業を専門にした税理士の場合の事業計画

私のように、起業を専門にした場合を例にして考えてみましょう。

［ビジョン、やりたいこと］

起業で失敗する人をゼロにしたい！

［事業を提供する範囲］

起業で失敗する人をなくすため、総合的な起業支援サービスを提供する

起業で失敗しないためのノウハウを提供し、起業支援を専門とした会計事務所を運営すること

①誰に

起業に興味がある人、起業を考えている人、起業したい人、起業して間もない人、起業したいが不安のある人、起業したいがどうしたらいいかわからない人、起業したい（した）が資金調達の方法がわからない人、起業したが補助金などを得たい人

②何を

創業スクールやセミナーを開催して、起業時の失敗しないノウハウを伝えること

会社の設立業務から、設立後の会計・税務サービスの提供。節税の提案。税務調査の対応

資金調達や創業補助金など、認定支援機関として補助金申請の支援業務の提供

③いくらで

価格表によるサービス内容の明示と明朗会計

④どのような強みで
起業前から起業後までのワンストップサービスを提供すること
失敗しない起業のノウハウを伝え、起業を支援すること
起業時の事業計画書作成アドバイスなどを通して、資金調達方法や、何にお金を使ったらいいかなど、起業にかかわる総合的なアドバイスを提供すること
起業からＩＰＯ（株式の新規上場）まで対応ができること

⑤得られるベネフィット
起業に関する「？」を何でも相談できる安心感と信頼感
失敗しない起業に関する知識やノウハウを学び、ローリスクでの起業ができる
起業する前の不安やお金に関する悩みの解消

⑥どうやって売るか
創業スクール、セミナーや交流会の開催。ホームページや他の人からの紹介。メルマガの発行。日本起業家倶楽部の運営。顧問契約

起業を専門にした場合を例にして簡単に書くと、こうなります。

いつ、何に、いくら、お金を使うのか

〈課題2．何にお金を使うのか〉については、開業する際に家計の通帳と事業用の通帳を一緒にしてしまったので、事業用と家計の通帳を分けることから始めます。通帳を同じにしてしまうのは個人事業で開業する場合はよくあるのですが、これはよくありません。ただでさえ、個人事業主は家計と事業費が混同しやすくなっています。すぐに、事業用の通帳を作って管理しましょう。

また、士業は、開業するにあたってほとんど費用がかかりません。事務所も自宅で始めれば不要ですし、パソコンとプリンターと電話があれば開業できます。

ただ、そこに思わぬ落とし穴があります。固定費（家賃など）がかからないので安心して、変動費（書籍代やセミナー代や営業にかかる費用など）をつい使いすぎてしまう傾向があるのです。知識や経験が大切なのである程度投資も必要ですが、やみくもに使うのはよくありません。

対策としては、毎月必ず売り上げや費用を整理して損益を管理します。

また、売り上げの一定割合を広告宣伝費などにかけるという目安を作っておくことも一つの方法です。

木島さんは家計簿も挫折した経験があるとのことですが、会社の家計簿は毎月つけて、費用

のチェックは毎月行ったほうがいいでしょう。そうすれば、売り上げに対してどの程度費用をかけたのかが見えてきます。やみくもにセミナー等に参加するのではなく、本当に必要なものを取捨選択することができてくるはずです。経営者にとって大事な仕事は、**①いつ、②何に、③いくら、お金を使うのか**を決めることですが、その判断材料の一つとして、やはり経理情報は非常に重要です。

特に起業したばかりの時は、自分で用意したお金と銀行などから借り入れたお金を使って事業を始めることが多いです。その際、何に、いくら、お金を使うのかを決めることは非常に重要です。限られた資金を有効に使うことは、その後の事業展開に大きく影響するからです。その点も、事業計画と資金計画を作ることは起業する際に大切なことになります。

３カ月後の木島さん

「木島さん、あれから３カ月ほど経ちましたが、その後どうですか？」

「横山先生、こんにちは。先日はありがとうございました。あれから、指摘された２つの課題について自分なりにいろいろと考えてみました。まだ答えが見つかったわけではありませんが、前に進むきっかけは見つかった気がします」

「それは良かったですね。具体的にはどんなことですか？」

「今後の事業展開については、まだまだ試行錯誤中です。自分の強み、ＵＳＰを見つけることはそれほど簡単なことではありませんね。でも業務を何かに絞るということで、一つは障害年金の申請を業務の柱にしていくことにしました。やはり、困っておられる人がたくさんいますから。この業務は申請が大変ですが、実際に年金がおりると皆さんから感謝されるので、私もやりがいがあります」

「業務の範囲が広いですから何かに絞るということは良いことですね。他には何かありますか？」

「はい、ある弁護士の先生からお声がけいただいて、その法律事務所の一角に事務所を構えてもいいことになりました。その法律グループの一員として仕事ができます。家賃はかかりますが、そこの弁護士の先生から紹介された案件などもあって仕事が来るようになったんです。私のお客さんにとっても何かあった時にいつでも弁護士を紹介できるので安心です。場所もいいところにあるので、『こんないいところに事務所を構えているんですか』と初めて会ったお客さんにいい印象を持っていただけることが多いです。士業にとってはやはり安心感というか信頼度もとても必要なのがよくわかりました。自宅での開業は費用もかからないので開業したばかりの時はやむを得ないと思いますが、どこかの時点で事務所を借りるのも大事なことなんですね」

「事務所を借りたんですね。しかも法律事務所の中に事務所を出せれば、お客さんにとっては安心感につながります」

「ホームページも少しお金をかけてリニューアルしました。ホームページは会社案内だけでなく、いろいろな情報を発信できるツールですし、会社の顔でもありますから。やはり、ある程度の投資は必要なんだと思います。ここからの問い合わせも少しずつですがくるようになりました」

「なるほど、そうですか。２つ目の課題（何にお金を使うのか）についてはいかがですか？」

費用対効果を考える

「何にお金を使ったらいいかということですが、先生に教えていただいたように収支計画書を作りました。まずは、売り上げがすぐには伸びないことを想定して、どの程度お金をかけられるかを考えました。私の場合は、夫が働いているので、生活費はそれほどかかりません。どこにお金をかけるかを最初に考えることは大事ですね。初めはやみくもにセミナーや交流会などに参加していましたが、大体の予算枠を決めて今月はこれくらいは使おうと計画を立てるようになりました」

「そうですね。手持ちのお金を、いつ、何に、いくら、使うかを決めることが経営者の仕事ですから」

「まだまだ収入は少ないので、今は投資が必要だと思ってメリハリをつけています。これまでは、経理もまったくやっていなかったので、いくら使ったかもよくわかりませんでしたが、領収書の整理や経費の明細をつけるようになって、今月は何にいくら使ったか一目でわかるようになりました。何にいくら使ったかがわかるので、その効果がどの程度あったかを後でチェックできるのもいいですね。費用対効果を考えることが大事だとわかってきました。通帳も事業用は分けて管理しています」

「そうですね。計画して実行する。そして、その結果を検証することがやはり大事です。木島さんはどうやら順調にやっているようですね。これからも頑張ってください」

「はい、先生。ありがとうございます。まだまだこれからだとは思いますが、方向性は少しずつわかってきました。私はこの仕事が好きなんだなと思います。困っている人の助けにもなりますし、やりがいも感じます。これからも着実に一歩一歩進んでいきたいと思います。今後もよろしくお願いします」

開業時の費用をシミュレーションする

開業時にどの程度費用がかかるか、何にお金を使うかを簡単にシミュレーションしてみましょう。開業時に必要なお金は、

①開業費
②運転資金

の合計になります。開業してすぐ売り上げが増えればいいのですが、通常、入金は仕事が終わった後からになりますので、3カ月後とか半年後から売り上げが伸びるという前提で費用を考えます。

①の開業費とは、開業時にかかる費用です。

たとえば、事務所を借りる場合の保証金や礼金などの物件取得費、パソコンやプリンターな

［開業費　80万円］＋［運転資金　30万円×6カ月＝180万円］

［開業費］　千円

項目		初期費用
事務所・店舗		
	小計	0
設備費用	パソコン（1台）	100
	プリンターなど周辺機器	100
	椅子・机	100
	ソフトウェア	100
	その他	0
	小計	400
開業費用	ホームページ、チラシ等	300
	その他雑貨	100
	小計	400
総合計		800

［運転資金］　千円

	1月
売上高	0
仕入れ	0
給与	100
家賃	20
交通費	30
通信費	30
広告費	50
研修費	50
事務用品費	10
その他	10
経費	300
収支	－300

どの設備費用、ホームページ作成費やチラシ作製費などの広告宣伝費の合計になります。

第４章で、②の運転資金を次の式で説明しました。

運転資金＝（まだ回収していない売上代金）＋（在庫金額）－（まだ支払っていない仕入れ代金）

この他に、開業時には事業が軌道に乗るまでに必要な運転資金というものがあります。

それが、給与や家賃、交通費、通信費などの毎月の経費の合計額です。

①の開業費が80万円、②の運転資金が1カ月30万円の場合

もし半年間売り上げがなかったら、開業費80万円と運転資金30万円×6カ月＝180万円の合計260万円のお金が必要になります。

もし、売り上げが開業して半年間で100万円上がるのであれば、開業費80万円と運転資金は、180万円－100万円＝80万円になります。①と②の合計額は、160万円になります。開業時にかかるお金を少なくするためには、売り上げをいかに早く出すかが大事なポイントであることがよくわかります。

事業を始める場合、手持ちのお金がいくらあって、開業費と運転資金にいくらお金を使うことができるかをシミュレーションすることが大事です。

第9章のポイント

1. 起業を専門にした会計事務所の事業計画書の事例

ビジョン、やりたいこと、事業を提供する範囲を明確にする

次に、①誰に、②何を、いくらで、どこで、③どのような強みで、④どうやって売るかを考える

2. 起業後に大事なポイント

経営者の仕事は、①いつ、②何に、③いくら、お金を使うのかを決めること

3. 開業時の費用をシミュレーションする

開業時にどの程度費用がかかるか、何にお金を使うかをシミュレーションする

開業時に必要なお金は、①開業費と②運転資金の合計

経営の3つのルール

本書は、7人の女性起業家の事例を通して、起業後に起こるであろうさまざまな事態とそれにどう対応すべきかを書いたものです。せっかく起業しても事業を続けられないケースは残念ながら多くあります。その理由のほとんどが、売り上げが伸びない、利益が出ない、資金繰りがうまくできない、というものです。

逆に言えば、**会社を続けていくためには、**

①売り上げを伸ばす
②経費をコントロールして利益を出す
③資金繰りをうまく行う

という経営の3つのルールを実践すればいいということになります。

シンプルで当たり前のことのように聞こえますが、起業後3年以内に70％の会社が廃業に追い込まれると言われていることは、この3つの経営のルールを継続して実行することの難しさを物語っています。

起業して、まずしなければならないことは、商品やサービスを作り、それを実際に販売して売り上げを出すことです。それには、あなたの商品やサービスを買ってくれるお客さまを見つけなければなりません。あなたの商品やサービスの強み（ＵＳＰ）は何か、どうすればその魅力をお客さまに伝えることができるのか、その商品やサービスを買ったらお客さまにどんなベネフィットがあるのかを考える必要があります。売り上げが伸びなければ事業の継続はできないからです。

何度も繰り返してお伝えしますが、売り上げを伸ばすための基本は次の４つです。

①買ってくれる可能性のある人を集めて、新しいお客さまにすること
②お客さまを固定客にして、固定客に繰り返し買ってもらうこと
③その新しいお客さまと固定客に、より多くのものを買ってもらうこと
④単価を上げること

売り上げが伸びるようになれば、次にしなければならないことは「利益を上げること」と、「資金繰り」です。

「利益を出す」ためには、経費をコントロールする必要があります。

「資金繰り」とは簡単に言えば、「出ていくお金」と「入ってくるお金」のタイムラグ（時間差）をつかんで、お金が足りなくなる見込みがあれば資金の調達をすることを言います。

利益が出ないと資金繰りが厳しくなります。赤字になればなるほどお金がなくなっていくからです。また、お金が足りない場合には銀行からお金を借りますが、その借金は利益からしか返せません。利益を出せなくなれば、やがて資金繰りに行き詰まるという負のスパイラルに陥ります。負のスパイラルから脱出できなければ、やがて行き詰まって事業を続けることができなくなってしまいます。

経営するために大切なこと

経営の3つのルールをうまく実践するためにはどうしたらいいのでしょうか。

そのためにはまず、お客さまにどんな価値を提供し、お客さまをどうやって創造し続けるかを決める「事業モデル」をしっかりと作ること、そして、利益と資金繰りを「数字で管理」することです。数字で管理するというと難しく聞こえるかもしれませんが、毎月の経理をしっかりと行い試算表や大まかな資金繰り表を作ればいいのです。この2つがバランスよく実行されてこそ会社を続けていくことが可能になります。大企業であれば、それぞれ役割分担ができますが、起業したばかりの小さい会社では経営者がすべて一人でやらなければなりません。

そして、**もう一つ重要な経営者の仕事**とは、「いつ」「何に」「いくら」お金を使うのかを決める、**「意思決定」**と、決めたことを実行する**「実行力」**です。

いくら素晴らしい事業計画書を作っても、それが絵に描いた餅になってしまっては何にもなりません。そのために大切なことは、「計画」が必ず「実行」できるものでなければならないということです。計画するということと実行するということは別物です。「やるべきこと」が「できるよう」にならなければ、成果を出すことはできません。

事業モデルを作るためには、まずは、事業計画書を作ります。

①誰に
②何を
③どのような強みで
④どうやって売るか

これらを「見える化」したものが事業計画書です。

そして計画書を作ったらそれを実行します。

①何を、どうやるのか、いつ、何に、いくらお金を使うのか、を意思決定して実行する
②それをやって、どうなったのか
③何ができて、何ができなかったのか。できなかった理由は何なのかを検証する

経営とはこの繰り返しです。
やりたいことがあれば、何をどうやるのか計画を書いてみる。そして、まずはやってみる。

やった後で、何ができて何ができなかったのか、なぜできなかったのかを検証する――。

経営とは試行錯誤の連続です。前に進むしかありません。あきらめたらそこで終わりです。

さあ、あなたの夢に向かって進みましょう。失敗を恐れず、前進あるのみです。

あとがき

私は仕事柄、起業家の方から多くの相談を受けます。その方たちと話をしていると、自分が起業した時には、初歩的なことを誰に聞いていいのかわからなかったという話や、何をどうしていいかわからなくてすべてが手探りの状態からのスタートだったという話をよく聞きます。「起業したいと思った時に基本的なことを書いた本ってあまりないのよね」という一言がきっかけで本書を書きました。初歩的すぎて恥ずかしくて聞けない、誰に相談していいのかわからない、と思っている起業したい人たちに向けて、起業するにあたって最低限知っておいてほしいことや、何か問題にぶつかった時にどうすればいいのかをできるだけわかりやすく書こうと思ったのです。

ただ実際に書き始めると、わかりやすく書くことがどれほど大変かを思い知らされることになりました。専門的な言葉を使わず、わかりやすく書く。私がビジネス書を書くのは初めてのことなので、それこそ何をどう書いたらいいかもわからない状態でした。自分では簡単に書いているつもりでも、編集者からはまだ難しいと何度も指摘されて、そのたびに書き直しているうちにあっという間に1年が過ぎてしまいました。途中で挫折しかけたこともありましたが、まわりの方たちの励ましのおかげで、何とか本書を書き終えることができました。正直ほっとしています。

この本では、わかりやすく書くように努めましたが、それでも最初は、少し難しく感じるかもしれません。でも、もしもあなたが本当に起業したい、好きな仕事で食べていきたいと真剣に思っているのなら、本書はきっとあなたのお役に立つはずです。

ここには、起業時に必要な基本的なことやノウハウすべてを書きました。じっくりと何度も読んでください。そして納得してから起業してください。また、起業した後で何か問題にぶつかった時にこの本を思い出してください。何事も基本が大事です。最初が大事です。そうすれば、本書で紹介したような失敗は、かなりの確率で防げるはずです。それでもわからなければ、私のセミナーなどにお越しください。直接お返事ができるかもしれません。本書が、一人でも多くの読者の方になんらかのお役に立てたとすればこれほどうれしいことはありません。

本書を執筆するにあたり、多くの方にご協力いただきました。私の初めての出版ということで企画段階からさまざまなアドバイスをしてくださった、株式会社スタークリエーションの伊集院尚子さん。そして、さくら舎代表の古屋信吾氏と戸塚健二氏。この出会いがなければ本書は世に出なかったかもしれません。

顧問先を含め取材させていただいた関係者の皆さまにも心より感謝いたします。また、弊社を支えてくれているスタッフ、特に河西孝子さんには女性の立場からいろいろな意見をいただきました。

最後に、私を支えてくれた妻と2人の息子たちに感謝の気持ちを捧げたいと思います。本書を最後までお読みいただきありがとうございました。
一人でも多くの起業家が夢を実現させることを願って筆をおきます。

横山禎一《よこやまていいち》

著者略歴
1961年、愛知県一宮市に生まれる。1985年同志社大学卒業後、大手化学メーカーに勤務。退社後、1993年に米国のジョージ・ワシントン大学にてMBAを取得。帰国後、外資系企業の経営企画室や財務・経理部にて事業計画や予算の策定、税務申告、経理業務、資金管理業務などを行いながら、筑波大学大学院で修士法学と経営学を取得。2000年に日米合弁のITベンチャー企業の立ち上げに財務・経理担当として加わり、十数億円の資金を集めIPOを目指したが、2003年に倒産。この経験から会社が潰れることの辛さを肌で感じ、会社の倒産を防ぐ会計事務所を作ろうと決心し、2005年に税理士・行政書士として独立。
「起業で失敗する人をなくしたい。」をミッションに、起業希望者や起業家をサポートする「日本起業家倶楽部」を立ち上げ、創業スクールやセミナー・交流会などを主催している。横山税理士・行政書士事務所所長、サイバークルー株式会社代表取締役。
http://www.cyber-crew-jp.com/
日本起業家倶楽部
http://entre-japan.com/

100万円《まんえん》から起業《きぎょう》して成功《せいこう》する方法《ほうほう》
――好《す》きなこと・やりたいことで幸《しあわ》せになる9章《しょう》

二〇一六年三月一二日　第一刷発行

著者　横山禎一《よこやまていいち》
発行者　古屋信吾
発行所　株式会社さくら舎　http://www.sakurasha.com
東京都千代田区富士見一-二-一一　〒一〇二-〇〇七一
電話　営業　〇三-五二一一-六五三三　FAX　〇三-五二一一-六四八一
編集　〇三-五二一一-六四八〇　振替　〇〇一九〇-八-四〇二〇六〇
装丁　アルビレオ
本文組版　朝日メディアインターナショナル株式会社
印刷・製本　中央精版印刷株式会社

ISBN978-4-86581-045-5

さくら舎の好評既刊

東川仁

お客は銀行からもらえ!

士業・社長・銀行がハッピーになれる営業法

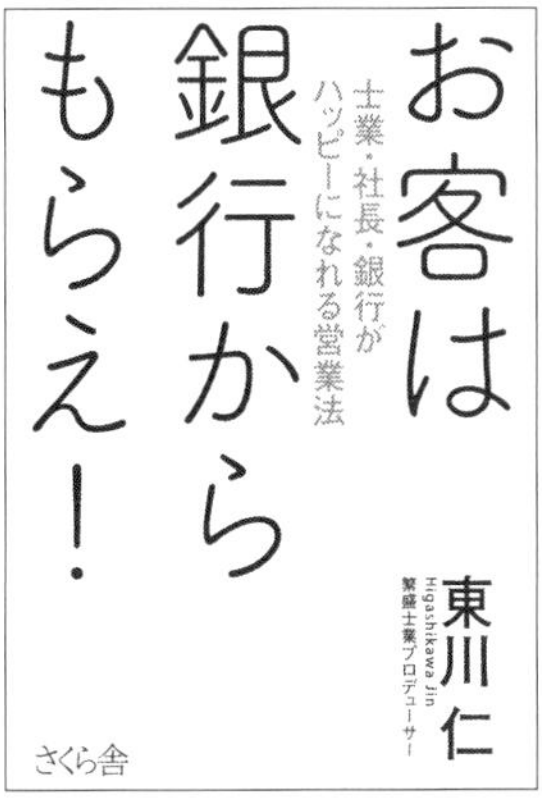

かつてのやり方では“食って”いけない!「銀行」からお客を紹介してもらうとはどういうことなのか、士業を一例に顧客獲得術を伝授!

1400円(+税)

定価は変更することがあります。